Boris Farkaš

Angewandte Radiästhesie
Pendel und Wünschelrute in der Praxis

Boris Farkaš

Angewandte Radiästhesie

Pendel und Wünschelrute in der Praxis

BAUER
Verlag Hermann Bauer
Freiburg im Breisgau

CIP-Titelaufnahme der Deutschen Bibliothek

Farkaš, Boris:
Angewandte Radiästhesie : Pendel und Wünschelrute
in der Praxis / Boris Farkaš. [Ins Dt. übers. von
Sead Muhamedagić und Franjo Raich]. –
Freiburg im Breisgau : Bauer, 1989
Einheitssacht.: Radiestezija u primjeni ⟨dt.⟩
ISBN 3-7626-0366-9

Die kroatische Originalausgabe erschien 1985 unter dem Titel
Radiestezija u primjeni
bei Sveucilisna naklada Liber.

Mit 74 Zeichnungen von Studio gs, Zagreb.

Ins Deutsche übersetzt von Sead Muhamedagić
und Franjo Raich.

1989
ISBN 3-7626-0366-9

Umschlaggestaltung: Grafikdesign Wartenberg, Staufen,
unter Verwendung der grafischen Darstellung
»Magnetfeld eines menschlichen Körpers«
nach einem Foto von H. Sochurek.

Satz: IBV Satz- und Datentechnik GmbH, Berlin.
Druck und Bindung: Ueberreuter Buchproduktion, Korneuburg.
Printed in Austria.

Inhalt

Anwendungsgebiete der Radiästhesie

Vorwort

Dieses Buch mit Interesse zu lesen, bedeutet nicht, alle die in ihm vertretenen Thesen kritiklos anzunehmen. Aus dem Blickwinkel orthodoxer Wissenschaft wird das Buch wohl noch einige Zeit umstritten bleiben.

Als Disziplin des Erwerbs von Naturerkenntnissen ist die Radiästhesie bis heute in weiten Kreisen wissenschaftlicher Öffentlichkeit keineswegs allgemein anerkannt. Dies ist nur verständlich, werden ihre Ergebnisse doch auf ungewohnte Art und Weise unmittelbar und nicht auf dem Umweg langwieriger theoretischer Arbeit erzielt.

Die Existenz jener durch sie ermittelten Strahlungsgürtel kann nach allgemein anerkannten Methoden bis heute nicht beurteilt, weder bestätigt noch widerlegt werden. Dies allein erweckt schon Argwohn. Wagt der Radiästhesist es gar, Information über große räumliche Entfernung hinweg zu erlangen, muß dies vielen Wissenschaftlern als reine Provokation erscheinen.

Die öffentliche Skepsis verdient insofern Beachtung, als manch prominenter Kritiker dessen, was noch nicht wissenschaftlich nachgewiesen ist, insgeheim sich solch unerwiesener Disziplinen bedient und beispielsweise das Horoskop oder auch den Radiästhesisten gern einmal zu Rate zieht. Es liegt im Sinn einer solchen Bewußtseinsspaltung, daß seine Kritik, ja Aggression sich demgegenüber nurmehr verstärkt, das, obwohl von anerkanntem privatem Interesse, öffentlich doch irgendwie verboten scheint.

Nun ist es an der Zeit, über all jene ignorierten, für viele Leute jedoch überaus interessanten Phänomene öffentlich zu reden. Der Dialog ist trotz skeptischer Einwände nicht nur nicht zu Ende, er scheint gerade erst richtig zu beginnen. Wir dürfen es uns nicht so einfach machen und behaupten, viele Menschen, die zum Teil selbst wissenschaftlich ausgebildet sind, seien unaufgeklärt und abergläubisch, wenn sie gegenüber bestimmten Erfahrungen, die der akademischen Orthodoxie noch als notorische Irrtümer gelten, Aufgeschlossenheit beweisen. Sollte es tatsächlich stimmen, was manche Sozialwissenschaftler hier ins Feld führen, daß diese wachsende Offenheit ja doch nur in einer zunehmenden Angst der Menschen begründet liegt, die außerhalb der Wissenschaften Hilfe suchen? Was würde daraus folgen? Könnte eine wachsende Unruhe denn nicht ein wichtiges Anzeichen dafür sein, daß eine Neuorientierung geboten ist, daß es gilt, nach unorthodoxen Methoden und Deutungen zu suchen, jene Angst als eine legitime Warnung selbst gerade ernst genommen zu werden verdient?

Ein Wissenschaftler, der nicht den Mut aufbringt, die Normen seiner Disziplin zu verändern, wenn die Wirklichkeit eines Phänomens ihnen widerstreitet, gerät selbst in die Gefahr, abergläubisch zu werden und mit noch größerer Sturheit seine konsistenten Ungereimtheiten zu verfechten, als der von ihm scharf gerügte Schwärmer das vermeintlich Unglaubliche zu glauben wagt.

Die folgende Abhandlung von Dipl.-Ing. Boris Farkaš – in sachlicher Sprache ausgeführt – macht aus nichts ein Geheimnis.

Seine Rekonstruktion des Phänomens der Radiästhesie ist von großer Eindringlichkeit und Klarheit. Dem Leser kann es überlassen bleiben, einige seiner Behauptungen eigenständig zu überprüfen. Wer sich an einen solchen Versuch mit spöttischem Lächeln des ja so aufgeklärten Abendländers heranmacht, fasse es als ein Spiel auf. Auch als eine Anregung zu bisher unbekannten oder ungespielten Spielen würde das Buch wohl seinen Zweck erfüllen. Spielend wird er eine neue Welt erobern.

Univ.-Prof. Dr. Vladimir Gruden

Einleitung

Wir schreiten dem Ende unseres Jahrhunderts entgegen, einem Zeitpunkt, da die Menschheit in atemberaubender Entwicklung wissenschaftlich-technologische Leistungen erbringt, die an der Grenze von Wundertaten stehen. Beherrscht vom Streben nach Mehr, nach immer größerer Bequemlichkeit und wachsendem Wohlstand, scheint der Mensch verlernt zu haben, das Innere seines Wesens wahrzunehmen, auf die Gesetze seines inneren Ichs zu hören. Und doch mehren sich die Zeichen dafür, daß dieses Interesse an Materiellem in letzter Zeit durch ein neues Bewußtsein tieferer Sehnsüchte durchbrochen wird.

Zunehmend verbreitet sich die Erkenntnis, daß ein von der modernen Wissenschaft propagiertes kybernetisches Modell des Menschen im Hinblick auf die moralische Motivation, das Bewußtsein und die höheren Werte des menschlichen Lebens unverkennbare Mängel aufweist: Solchen nach den Prinzipien des Regelkreises konzipierten Wesen fehlt erkennbar alles, was den Menschen liebens- oder auch hassenswert macht. Ohne daß sie mit Spontaneität, dem Witz und Geist des lebenden Individuums begabt wären, gibt es solche kybernetischen Albinos jedoch glücklicherweise nur in der wissenschaftlichen Theorie. Das kann auch gar nicht anders sein, denn tatsächlich ist die physisch-materielle, alltäglicher Erfahrung zugängliche Welt nur Komponente und Aspekt einer größeren Wirklichkeit. Es ist deshalb verständlich, daß der Mensch sein Interesse in Richtung jener ungewöhnlichen Erscheinungen und Naturphänomene zu lenken beginnt, die über den Rahmen normaler menschlicher Erfahrungen und Erkenntnisse hinausgehen.

In der letzten Zeit häuften sich Presseberichte über Menschen, die, mit außergewöhnlichen Fähigkeiten begabt, auf eine paranormale Art und Weise mit ihrer Umwelt Kontakt haben können. Die Öffentlichkeit zeigte an einigen für übernatürlich gehaltenen menschlichen Fähigkeiten, wie zum Beispiel geistiger Therapie, medialer Chirurgie, der Teleportation, verschiedener Formen übersinnlicher Wahrnehmung, Hellsehen, Telepathie, Präkognition oder Radiästhesie ein unübersehbares Interesse. An die Seite einer Beschreibung konkreter Fälle tritt in Veröffentlichungen immer häufiger auch der Versuch einer Erklärung der Wirkungsmechanismen solcher Fähigkeiten. Mit Hilfe bestimmter Annahmen sollen diese Phänomene, vom Schleier der Mystizität befreit, als verständlich und annehmbar erscheinen.

In fast allen Hypothesen wird eine universelle Lebensenergie postuliert, die unter bestimmten Umständen die Entstehung mancher Naturphänomene bedingt. Die Hypothese der Existenz einer solchen Energie ist keineswegs originell; alte Zivilisationen in China und Indien hatten sie auch angenommen. In der Antike wurde ihre Existenz von Hippokrates und in unserem Jahrhundert vom französischen Philosophen Bergson verfochten. Eine solche Energieform, von der man nur zuverlässig sagen kann, daß sie sich von jeder bisher bekannten Energie unterscheidet, wird heute psychotronische Energie, Bioenergie, freie Energie und in der neuesten Zeit auch Psi-Energie genannt, während die einschlägigen Phänomene als Psi- beziehungsweise parapsychologische Phänomene bezeichnet werden. Es kommt häufig vor, daß in Presseberichten parapsychologische Phänomene auf unobjektive, ja sensationslüsterne Art beschrieben werden, was nicht zuletzt eine ablehnende Haltung seitens der breiteren Öffentlichkeit und wissenschaftlicher Kreise diesen Phänomenen gegenüber verständlicherweise begünstigt. Unseriöse Berichterstattung könnte tatsächlich ein wichtiger Grund sein, warum die offizielle Wissenschaft solche natürlichen Erscheinungen, die den ihr vorgeschriebenen Gesetzmäßigkeiten nicht »gehorchen«, eher skeptisch zur Kenntnis nimmt. Wenn ihr Hauptziel aber in der Aufdeckung der Wahrheit besteht, dann wird sie wohl begreifen müssen, daß ihre ablehnende Haltung gegenüber einem Naturphänomen – wie sonderbar es erscheinen mag – auch dann unzulässig ist, wenn es bisher wissenschaftlich noch nicht erklärt werden kann. Dieser Mangel aber ist nicht dem Phänomen, sondern der Wissenschaft selbst anzulasten, wenn anders sie nicht den belachenswerten Anblick jener Regierung bieten will, die sich, im Konflikt mit den Regierten, gleich ein neues Volk wählen will. Ehrlicherweise müssen wir mit Blick auf die Ungeklärtheit vieler Phänomene zugeben, daß unsere Erkenntnisse selbst und die Methoden ihrer Gewinnung nicht ausreichen.

Schon diese Tatsache sollte an sich der Wissenschaft eine Herausforderung bedeuten, sich mit allen zur Verfügung stehenden Kräften der Erforschung parapsychologischer Phänomene anzunehmen. Die Frucht einer solchen Haltung würde möglicherweise in Entdeckungen bestehen, die keinesfalls von geringerem Werte wären als die von Kopernikus, Darwin oder Einstein. Die Erkenntnis paranormaler menschlicher Fähigkeiten würde deren kontrollierte praktische Anwendung auf unterschiedlichsten Gebieten menschlicher Aktivität ermöglichen und die Auflösung vieler Probleme befördern.

Mit der Erforschung parapsychologischer Phänomene auf wissenschaftlicher Grundlage befaßt sich vornehmlich die Parapsychologie. In dieser Richtung wirken auch einige darauf spezialisierte Institute, die in westlichen und östlichen Ländern jüngst gegründet wurden. Wissenschaftler, die sich für die Erforschung parapsychologischer Phänomene entschieden haben, sind des Charakters dieser Phänomene wegen gezwungen, in ihrer Arbeit unkonventionelle Forschungsmethoden zu benutzen, die sie nicht selten dem Risiko aussetzen, als okkulte Träumer und Schwärmer abgestempelt zu werden, obgleich sie ihrem Wesen nach Realisten sind, die sich mit den vorhandenen Erkenntnislücken nur nicht einfach abfinden wollen. Erinnern wir uns, daß in der Geschichte Forscher wie Leonardo da Vinci, Galileo Galilei, Luigi Galvani, Nicola Tesla als Betrüger oder Verrückte betrachtet und behandelt wurden. Man sollte nicht vergessen, daß noch um die Jahrhundertwende behauptet wurde, nichts, das schwerer als Luft ist, könne aus eigener Kraft heraus fliegen. Augenscheinlich ändern sich die Zeiten, was man leider für einige typische menschliche Eigenschaften und Einstellungen und einer gewissen Neigung zur Beharrung im Gewohnten nicht so leicht sagen kann.

Zur Gruppe parapsychologischer Phänomene gehört jedenfalls auch die Radiästhesie, die als eine paranormal organisierte Wahrnehmung im Vergleich zu einigen der anderen Urphänomene relativ verbreitet und bekannt ist. In Westeuropa, Amerika und auch in einigen osteuropäischen Ländern fand und findet die Radiästhesie ihre Anwendung in unterschiedlichsten Bereichen der menschlichen Tätigkeit, die im folgenden noch ausführlich beschrieben werden. Dieses Interesse an der Radiästhesie – vielen eher als Wünschelrutengang bekannt – nimmt zu. Es wurde aber nicht immer von adäquater Information begleitet. Die Presse berichtete zwar schon seit längerer Zeit über Fälle von Radiästhesie, aber nicht selten in Form von Beiträgen, in denen aktive Radiästhesisten ihre persönlichen Ansichten mitteilten. Solche Artikel enthalten oft eine Menge widersprüchlicher Meinungen, denen sich nebulöse, hauptsächlich von Laien auf diesem Gebiet herrührende Deutungen des genannten Naturphänomens zugesellen. Grundlegende Voraussetzungen und Forschungsergebnisse der modernen Radiästhesie werden dabei in der Regel außer acht gelassen.

Manche Radiästhesisten berichten in ihren publizierten Artikeln ausschließlich über die Erfolge ihrer persönlichen Forschungen und verschweigen ihre Fehlleistungen, so daß, ganz unobjektiv, die Radiästhesie hie und da als ein unfehlbares Wahrnehmungssystem in Erscheinung tritt. Solche Berichte lassen den Eindruck entstehen, daß sich ihre Autoren zu sagen schämen: Radiästhesie ist eine paranormale Disziplin. Eine Folge dieses Umstandes ist, daß ihre Merkmale und viele Elemente, die in dieser Wahrnehmungsform enthalten sind, immer noch ungenügend erforscht sind.

Seit ältesten Zeiten im Prinzip bekannt und gepflegt und heute beispielsweise bei Brunnenbohrern wie in der alternativen, aber auch der klassischen Medizin, der Baubiologie und der Geobiologie zunehmend geschätzt, wird sie doch nur zu häufig als eine okkulte oder als eine rein physikalisch rekonstruierbare Disziplin mißverstanden. Im Unterschied dazu spricht alles dafür, daß das Phänomen der Radiästhesie tatsächlich auf einer mittels verschiedener Instrumente nur sichtbar werdenden Fähigkeit des Menschen selbst beruht, etwas seiner normal organisierten Sinnlichkeit gerade nicht Zugängliches zum Gegenstand paranormaler Wahrnehmung zu gewinnen. Experimente deuten darauf hin, daß nahezu jedermann über ein ihm bis heute eigentlich verborgen gebliebenes Vermögen verfügt, ein universales Informationsfeld anzuzapfen und zur Beantwortung wichtiger Fragen zu nutzen.

Beim Verfassen dieses Buches war der Wunsch leitend gewesen, eigene auf Grund der Anwendung der Radiästhesie erworbene Erfahrungen mit den Theorien der Wirkung des Phänomens aus der einschlägigen Literatur und – dies sei besonders betont – dem von einigen vorzüglichen Meistern reichlich Gelernten zu verbinden. Die sich so offenbarenden Möglichkeiten der paranormalen Wahrnehmung sind überaus faszinierend. Je tiefer man in dieses Gebiet eindringt, desto klarer zeigt sich die Radiästhesie als eine grundsätzlich neue Dimension des Kontaktes mit der Umwelt. Es zeigt sich, daß die uns umgebende Welt viel komplexer ist als diejenige, die wir durch die Anwendung bloß normal organisierter Sinnlichkeit wahrzunehmen vermögen.

Das Buch will zwei grundlegende Aufgaben erfüllen: zum einen das Phänomen der Radiästhesie in seinen Spielarten ausführlich schildern, zum anderen eine Übersicht der Anwendung der Radiästhesie auf verschiedenen Gebieten menschlicher Tätigkeit geben. Von der Hypothese über die Wirkungsmechanismen der radiästhetischen Wahrnehmung ausgehend, soll der Leser mit diesem Phänomen gewissermaßen vertraut werden, so daß er es auf Grund spezifischer

Merkmale von anderen Formen übersinnlicher Wahrnehmung zu unterscheiden lernt. Wichtig ist, daß die radiästhetische Sensibilität keineswegs die einzige Voraussetzung für eine erfolgreiche Durchführung von Forschungen auf diesem Gebiet darstellt. Beim Verfassen dieses Teils ergab sich die Möglichkeit, die radiästhetische Terminologie zu systematisieren und die wichtigsten Grundbegriffe eindeutig zu definieren. Anlaß dazu war ein buntes Spektrum von Begriffen und fragwürdigen Ausdrücken, die, nebeneinander verwendet, eine Verständigung erschweren und Ausdruck eines akuten Mangels an guter Literatur auf diesem Gebiet ist. Neu ist der Versuch einer Formulierung von Grundsätzen der radiästhetischen Ethik und einiger grundlegender Thesen zu den moralischen Normen, denen jeder Radiästhesist verpflichtet ist. Sie sind zugleich Wegweiser einer adäquaten Anwendung radiästhetischer Fertigkeiten und Bedingung einer Anerkennung der Radiästhesie als paranormaler Disziplin an sich.

Der zweite Teil des Buches widmet sich der Anwendung der Radiästhesie. Unter anderem geht es dabei um die Anwendung in der natürlichen Heilkunde, wo die Radiästhesie zunehmend anerkannt wird. Die Anwendung der Radiästhesie in der Geologie beziehungsweise bei der Aufdeckung der geopathogenen Strahlungen, unterirdischer Wasserläufe und anderer Strahlungsquellen wird ausführlich geschildert, weil für dieses Gebiet ein großes Interesse besteht und in ihm besondere Erfahrungen gemacht wurden. Langjährige eigene Untersuchungen zur Detektion geopathogener Strahlungen begründen einige Thesen über mögliche Quellen dieser Strahlungen, über den Mechanismus ihrer Wirkungen auf den menschlichen Organismus usw.

Da die Bauweise unserer Wohnobjekte einschließlich ihrer Orientierung in bezug auf die Himmelsrichtungen von zentraler Bedeutung für den Einfluß dieses Faktors ist, ergaben sich einige Grundthesen der biologischen Bauweise, die in der letzten Zeit weltweit Gegenstand zunehmenden Interesses ist.

Abschließend sollte die Aufmerksamkeit des Lesers noch einer These gelten, die besonders in radiästhetischen Fachkreisen polemische Reaktionen hervorrufen könnte. Eine große Anzahl von Kursen und Seminaren zur Anwendung der Radiästhesie auf verschiedenen Gebieten erhärtete eindrucksvoll die Vermutung, daß radiästhetische Sensibilität keineswegs Eigenschaft bloß seltener Individuen ist, sondern – in je verschiedenem Ausmaß – bei einer bedeutend größeren Anzahl von Menschen besteht. Die meisten Menschen sind sich ihrer Sensibilität in der Regel überhaupt nicht bewußt, so daß sie nicht selten bei jemandem zufälligerweise entdeckt oder erweckt wird. Nach der Beherrschung von Methoden und Techniken der radiästhetischen Forschung könnte diese Form paranormal organisierter Wahrnehmung von einer viel größeren Anzahl von Menschen in Anspruch genommen werden und würde insofern nicht mehr als Privileg einiger weniger Personen gelten.

Das vorliegende Buch will in einer sachlichen und systematischen Interessen dienenden Sprache nüchtern Auskunft über die Grundlagen radiästhetischer Wahrnehmung geben und mit den Techniken der Erhebung und der Interpretation von Befunden vertraut machen. Es ist als Einführung in die Praxis der Radiästhesie wie als Handbuch und Nachschlagewerk gleichermaßen gut zu verwenden. Alle konstruktive Kritik, die seine Arbeit befördert, nimmt der Autor dankbar entgegen.

Das Phänomen der Radiästhesie

Allgemeines zur paranormalen Wahrnehmung

»An jenem Tag, an dem die Wissenschaft nicht-physikalische Erscheinungen zu erforschen beginnt, wird sie während zehn Jahren einen größeren Fortschritt machen, als sie in allen früheren Jahrzehnten ihrer Geschichte vermochte.« *Nicola Tesla*

Die Parapsychologie erforscht ganz verschiedene parapsychologische Phänomene, um die Hintergründe ihres Zustandekommens zu enträtseln. Dem Phänomen der paranormalen Wahrnehmung kommt dabei besondere Bedeutung zu. Je gründlicher man parapsychologische Phänomene und besonders die sogenannte übersinnliche Wahrnehmung erforscht, um so deutlicher ergibt sich als unabweisbare Schlußfolgerung, daß keines dieser Phänomene sich anhand allgemein bekannter Naturgesetze erklären läßt. Deshalb gilt es, nach einer spezifischen und unkonventionellen Sicht des Phänomens zu suchen, die eine Entwicklung ganz neuer und voneinander unabhängiger Methoden seiner Erforschung erlaubt. Gerade eine derartige den klassischen Methoden nicht verhaftete Erforschung des Unbekannten hat in der Geschichte der Wissenschaft immer wieder zur Entdeckung ganz neuer Zusammenhänge geführt, die allen bis dahin anerkannten Gesetzmäßigkeiten zuwiderzulaufen schienen. Als unverzichtbare Quelle zur Entwicklung neuer Erklärungsprinzipien erweist sich auch hier die schöpferische Phantasie des Forschers.

Die Erforschung des Phänomens paranormaler Wahrnehmung kam bisher zu einem wichtigen und sicher erstaunlichen Ergebnis: Es zeigte sich nämlich, daß der Übermittlung von Informationen, das ist der Übertragung von Signalen, auf diesem Gebiet keine räumlichen und zeitlichen Schranken auferlegt sind, wodurch sie sich von allen bisher bekannten energetischen Signalen unterscheiden. Begreift man diesen Umstand, erscheint es als ganz illusorisch, das Phänomen der paranormalen Wahrnehmung innerhalb des uns so vertrauten dreidimensionalen Raumsystems verstehen zu wollen. Die Einführung einer neuen Dimension zur Erklärung der eigenartigen Verfassung eines solchen Phänomens bliebe vom Standpunkt unseres dreidimensionalen Systems aus äußerst fremdartig, so wie es beispielsweise den Lebewesen eines erfundenen zweidimensionalen Flächensystems unmöglich sein würde, die uns vertraute dritte Dimension zu erfassen. In einem solchen zweidimensionalen System besäßen die Lebewesen nicht das die dritte Dimension erschließende Wahrnehmungssystem, so daß sie etwa einen von außen auf ihr System herabfallenden Schatten bloß als einen Wechsel von Helligkeitsgraden, nicht aber als Auswirkung einer der dritten Dimension entstammender Einwirkung deuten würden.

Die parapsychologische Erforschung der sogenannten übersinnlichen Wahrnehmung schreitet aus mehreren Gründen sehr zögernd voran: Die Komplexität dieser Thematik erfordert vom Forscher nicht nur Kenntnisse aus verschiedenen verwandten Gebieten, sondern auch Teamarbeit vielseitig ausgebildeter Fachkräfte und ein enormes persönliches Engagement. Ursachen für das langsame Voranschreiten dieser Forschungsrichtung sind auch in der an sich sehr zögernden Entwicklung der Parapsychologie als einer relativ jungen wissenschaftlichen Disziplin zu suchen. Zu diesem Zustand trug wesentlich auch die Einstellung des naturwissenschaftlichen Establishments bei, das in vielen Fällen, lediglich von seinem empirischen Blickfeld ausgehend, Anstrengungen und Ergebnisse parapsychologischer Forschungen spöttisch von der Hand wies oder letzten Endes nur dann tolerierte, wenn es sicher zu sein schien, daß die Zurkenntnisnahme ihrer Ergebnisse keine Veränderung bestehender Dogmen beinhaltete.

Solche Perspektiven in der Wissenschaft, die wesentliche Veränderungen unseres Weltbildes nach sich ziehen könnten,

 Glaubenssatz, Lehrmeinung

stellen für die meisten Wissenschaftler eine psychologische Schranke dar, die sie daran hindert, diese Phänomene selbst einer ernsthaften naturwissenschaftlichen Prüfung zu unterziehen. Die aus der regelrechten Erforschung solcher Phänomene und ihrer Gesetzmäßigkeiten hervorgegangenen Erkenntnisse hätten mit großer Wahrscheinlichkeit bisher tragfähig gewesene wissenschaftliche Grundlagen erschüttert. Da die Offensichtlichkeit parapsychologischer Erscheinungen deren Leugnung verbietet, bemühen sich die meisten Wissenschaftler, die Bedeutung dieser Disziplin für die Wissenschaft auf ein Mindestmaß herabzusetzen, indem sie eine Unbeständigkeit und Seltenheit dieser Erscheinungen und Schwierigkeiten ihres wiederholten Zustandebringens unterstellen. Intensivere Forschungen auf diesem Gebiet werden lediglich im Auftrage der Großmächte durchgeführt, die sich davon vornehmlich militärisch bedeutsame Ergebnisse erhoffen.

Neben der Erforschung der paranormalen Wahrnehmung selbst befaßt sich die Parapsychologie auch mit den Umständen und Voraussetzungen dieses Phänomens. Da sein Wirkungsmechanismus an sich ein bis heute ungeklärtes Geheimnis ist, bleibt auch das Zusammenspiel der Voraussetzungen seines Zustandekommens unbekannt. Offensichtlich spielen hier mehrere Faktoren eine Rolle, von denen nur ein kleiner Teil unmittelbar einleuchtend ist. Es hat sich herausgestellt, daß einige dieser Bedingungen die Fähigkeit paranormaler Wahrnehmung fördert, andere eher einschränkend wirken. Solange die das Phänomen beeinflussenden Faktoren im wesentlichen unverstanden bleiben, wird es keine Möglichkeit geben, paranormale Wahrnehmung kontrolliert zustande zu bringen.

Einige Untersuchungen zeigten, daß die Ergebnisse von mehreren seelischen Faktoren, wie guter oder schlechter Laune der im Experiment behandelten Person, ihrer Motivation oder Einstellung zum Experiment abhängig waren. Als besonders wichtig erwiesen sich hier der Raum, in dem das Experiment durchgeführt wurde, wie auch der Zeitpunkt seiner Durchführung. Dies macht deutlich, daß die Erforschung der paranormalen Wahrnehmung nur vor dem Hintergrund eines Menschenbildes Sinn hat, das die Vorstellung von der programmierbaren menschlichen »Nervenmaschine« vorsätzlich ablehnt. Das kybernetische Modell vom Menschen wird einer Vorstellung weichen müssen, die jenes bis heute rätselhaft gebliebene Zentrum lebendiger Subjektivität, d. i. Selbstbewußtsein, in den Mittelpunkt der Forschung stellt und prinzipiell das Individuelle, die Einmaligkeit eines Zeitpunktes, Ortes, einer Person zu würdigen vermag.

Die paranormale Wahrnehmung tritt in verschiedenen Erscheinungsformen auf, unter denen Hellsehen, Telepathie und Präkognition besondere Aufmerksamkeit verdienen. Als Hellsehen wird die Fähigkeit bezeichnet, Informationen über die Umwelt auf physikalisch nicht ohne weiteres einsehbare Art und Weise zu erhalten. Während unter Telepathie die Gedankenübertragung zwischen zwei oder mehreren Subjekten verstanden wird, stellt die Präkognition eine Form der übersinnlichen Wahrnehmung dar, durch die Erkenntnisse bevorstehender Ereignisse erworben werden.

Radiästhesie als eine Form paranormaler Wahrnehmung wird in parapsychologischen Forschungsberichten relativ selten erwähnt, was im Hinblick auf ihre unverkennbare Präsenz im täglichen Leben und die praktische Anwendung ihrer Ergebnisse auf verschiedenen Gebieten der menschlichen Tätigkeit als sehr merkwürdig erscheint. Denn die Radiästhesie ist als Form der übersinnlichen Wahrnehmung ein übergreifendes Phänomen, das auch Elemente des Hellsehens, der Telepathie und der Präkognition in sich birgt.

Radiästhesie als Form paranormaler Wahrnehmung

Die Einbeziehung der Radiästhesie in den erkennenden und handelnden Umgang mit und in der Welt führt zu einer zuvor ungeahnten Bereicherung und Intensivierung des Kontaktes zu ihr und einer prinzipiellen Erweiterung der Kommunikation.

Radiästhesie oder Wünschelrutengang

Unter dem Begriff *Radiästhesie* wird die Fähigkeit des Menschen verstanden, unter bestimmten Umständen aus seiner Umwelt Informationen zu empfangen, die er weder mit Hilfe normal organisierter Sinnlichkeit noch durch technische Geräte allein zum Gegenstand der Wahrnehmung gewinnen kann. Die Radiästhesie unterscheidet sich von anderen Formen paranormaler Wahrnehmung darin, daß sich die eigentlich ganz normale Reaktion des menschlichen Organismus auf die aus dem Gebiet des Übersinnlichen empfangene Information durch Bewegungen der radiästhetischen Geräte in der Hand des Radiästhesisten angezeigt und so bewußt wird.

Das gebräuchlichste radiästhetische Werkzeug war die Wünschelrute – eine Bezeichnung, die einen mystischen Beiklang hat, wie auch im slawischen Sprachraum, wo das Gerät unter dem Namen »Feenwerkzeug« bekannt ist. Die Bezeichnung des Wünschelrutenganges als Umschreibung der Radiästhesie wurzelt in solchen Vorstellungen. In vielen Ländern ist diese Bezeichnung immer noch gebräuchlich (vgl. hierzu das englische Wort »dowse« oder die russische Bezeichnung »lozohodec«).

Das Wort »Radiästhesie« ist aus zwei Teilen zusammengesetzt, die im lateinischen »radiare«, das heißt strahlen, und dem griechischen »aisthanomai«, das heißt ich nehme wahr, ich empfinde, wurzeln. Radiästhesie bezeichnet also schlicht die Fähigkeit, Strahlen wahrzunehmen. Im engeren Sinn sind hier Strahlungen gemeint, die durch unterirdische Wasserläufe, biologische Brüche (tektonische Ritzen) oder Fundgruben verschiedener Erze verursacht werden. Im umfassenderen Sinn versteht man hierunter jegliche Informationen aus dem Gebiet des Übersinnlichen, die, soweit wir wissen, in Form von Strahlungen zu uns gelangen. Daraus geht hervor, daß die Bezeichnung »Radiästhesie« im Vergleich zu der des »Wünschelrutenganges« viel treffender ist, zumal sich die radiästhetische Forschung nicht nur der Wünschelrute, sondern einer Menge anderer Instrumente und Hilfsmittel bedient.

In *Meyers Taschenlexikon* aus dem Jahr 1981 lesen wir unter dem Stichwort »Radiästhesie« folgendes: »...wissenschaftlich umstrittene Fähigkeit von Personen, mit Hilfe von Pendeln oder Wünschelruten sogar Erdstrahlen wahrzunehmen oder so zum Beispiel Wasser oder Metallvorkommen aufzuspüren.«

Hie und da begegnet man auch dem Ausdruck Rhabdomantie, der synonym zu Radiästhesie gebraucht wird.

Von den Kelten bis zur Gegenwart

Wie alt die Radiästhesie eigentlich ist und wann sich der Mensch mit ihr zu beschäftigen begann, ist schwer zu sagen. Die ältesten Spuren führen uns in das Altertum um das Jahr 2500 vor Christus. Dokumente aus dieser Zeit weisen auf die Anwendung der Wünschelrute im alten China hin, wo eigens dafür geschulte kaiserliche Beamte Grundstücke, die für den Bau von Wohnhäusern vorgesehen waren, untersuchen mußten, damit kein Gebäude dort entstünde, wo »böse Geister wirken, die Unheil und Krankheit nach sich ziehen«.

Zivilisationen der Kelten, Etrusker, Ägypter, Perser, Meder und Römer bedienten sich der Fähigkeiten bestimmter

Menschen, in verwüsteten Gegenden Wasser zu entdecken und ruhige Stätten zu bestimmen, auf denen Tempel, Heiligtümer und Wohnsiedlungen errichtet werden konnten. Im Mittelalter wurde der Wünschelrutengang immer häufiger zum Aufspüren unterirdischer Erzvorkommen verwendet. Auf Bilddokumenten aus jener Zeit werden sehr oft neben Bergbauern und ihren Werkzeugen auch Rutengänger abgebildet, die mit ihren Wünschelruten den Boden untersuchen.

Anfang des 18. Jahrhunderts stand die Radiästhesie als ein Naturphänomen im Mittelpunkt des Interesses bedeutender Persönlichkeiten, wie zum Beispiel Johann Wolfgang von Goethes. Der Schleier des Mysteriösen, der die merkwürdige paranormale Fähigkeit des Menschen verhüllt hatte, schien zu fallen. Hatte man zuvor geglaubt, eine geheimnisvolle Macht setze das Werkzeug des Wünschelrutengängers in Bewegung, so wurde zu jener Zeit erstmals die These diskutiert, daß die Wünschelrute für sich gar nicht entscheidend, vielmehr nur ein Hilfsmittel sei, das Wichtigste beim Rutengang nämlich im menschlichen Organismus selbst vor sich gehe. Die erste empirisch-wissenschaftliche Testreihe zur Überprüfung radiästhetischer Fähigkeit wurde vom zweifachen Doktor der Biologie und der Paläontologie, Johannes Walther (1860–1937), entwickelt und durchgeführt. Er beobachtete 400 Studenten bei der Arbeit mit der Wünschelrute und notierte ihre Reaktionen, während sie ein bestimmtes Gebiet des geologischen Bruchs als Strahlungsquelle überquerten. Die Prüfungsergebnisse zeigten, daß sensiblere Personen heftiger reagierten. Nervliche Reize, Pulsbeschleunigung und Blutdruckerhöhung waren die Reaktionen, die bei ihnen beobachtet werden konnten.

Während des Ersten Weltkriegs befanden sich in den damaligen österreichisch-ungarischen Truppen sogenannte Rutengänger, die Wasser aufspürten. Sie waren befähigt, mit Hilfe der Wünschelrute auf einem bestimmten Terrain das für die Soldaten lebensnotwendige Trinkwasser aufzuspüren. Auch viele Leute aus Kroatien dienten zu jener Zeit in diesen Truppen, so daß sich manche auch diese Fertigkeit aneigneten. Von da an bis in unsere Zeit hinein wurden in Slowenien und Nordwestkroatien Hunderte von Brunnen gerade dort ausgegraben, wo es die Rutengänger nach ihren Untersuchungen bestimmt hatten.

Die Wiege der modernen Radiästhesie steht in Frankreich. Zu Beginn des 19. Jahrhunderts begann sie sich allmählich von dort aus in andere Länder in Europa und Amerika auszubreiten. Auch heutzutage wird diesem Naturphänomen von Laien und in wissenschaftlichen Fachkreisen eine bestimmte Aufmerksamkeit gewidmet. An vielen parapsychologischen Instituten in der Welt wird neben anderen Phänomenen paranormaler Wahrnehmung auch die Radiästhesie erforscht. Zwecks einer leichteren Erforschung des radiästhetischen Phänomens wurden weltweit Vereine gegründet. Auf fast allen parapsychologischen Kongressen wird auch über dieses Phänomen referiert. Sehr aktive Vereine wirken gegenwärtig zum Beispiel in den USA, in England, in Frankreich, in der Bundesrepublik Deutschland und in Polen. Einer der führenden Wissenschaftler, der sich auch mit der Erforschung der Radiästhesie ernsthaft befaßt, ist der in Amerika lebende Physiker Dr. Zaboi W. Harvalik.

Radiästhetik heute

Der Wirkungskreis der Radiästhesie umfaßt heute ganz verschiedene Gebiete der menschlichen Tätigkeit, und nur in wenigen Fällen kann sie nicht erfolgreich angewendet werden. Ihre grundlegenden Anwendungsgebiete sind: die Detektion (Entdeckung) und die Bestimmung der Affinität (Zugehörigkeit). Bei der Detektion ist die Anwendung der Radiästhesie erheblich vielseitiger als bei der Bestimmung der Affinität. Zum Zweck der Detektion wird die Radiästhesie in der Geobiologie, in der Geologie und allgemein zur Auffindung verlorener Personen oder Sachen, bei der Affinitätsbestimmung meist im Rahmen der natürlichen Heilkunde und auf dem Gebiet der natürlichen Ernährungsweise angewandt.

In der Geobiologie dient sie hauptsächlich der Detektion und Abgrenzung geopathogener Strahlungsfelder, deren Kenntnis entscheidende Bedingung für die Standort- und Lagewahl neu zu errichtender Gebäude und einer Lokalisierung ihrer Inneneinrichtung ist. Auch in der Geologie wird sie zum Aufspüren von Fundgruben verschiedener Erze, Erdöladern und unterirdischen Wasserläufen benutzt. Selbst bei einigen Bergrettungsdiensten gibt es heutzutage auch solche Mannschaften, die mittels radiästhetischer Methoden verlorengegangene Personen auffinden können.

In der natürlichen Heilkunde wird mit Hilfe der radiästhetischen Methode die Tauglichkeit eines bestimmten Arzneimittels oder einer Therapie für den Patienten festgestellt. Hierbei läßt sich aus einer Menge verschiedener Präparate jenes Arzneimittel herausfinden, das in diesem Moment die stärkste Wirkung zeigt. Auf dem Gebiet der Detektion innerhalb der natürlichen Heilkunde wird die Radiästhesie als eine der diagnostischen Hilfsmethoden zu Rate gezogen. Zur Bestimmung von Vitalität, Nützlichkeit oder Schädlichkeit mancher Lebensmittel in bezug auf eine bestimmte Person kommt der Radiästhesie auch bei der natürlichen Ernährung eine große Bedeutung zu. Für jeden der angeführten radiästhetischen Anwendungsbereiche muß eine geeignete Methode ausgearbeitet werden, die auch unter veränderten Voraussetzungen die Zuverlässigkeit der Ergebnisse gewährleistet. Neben der Auswahl einer treffenden Arbeitsmethode ist es notwendig herauszufinden, welche radiästhetischen Geräte sich für einen bestimmten Forschungsgegenstand eignen. Die Umgebung einschließlich der konkreten Voraussetzungen zur Durchführung einer radiästhetischen Untersuchung sind ebenso von Belang wie die geistige und körperliche Verfassung des Radiästhesisten.

Gibt es zwei Arten von Radiästhesie?

In radiästhetischen Fachkreisen und der einschlägigen Sachliteratur wird die Radiästhesie in zwei grundlegende Disziplinen eingeteilt:

physikalische Radiästhesie;
mentale Radiästhesie.

Zur physikalischen Radiästhesie werden solche Forschungen gerechnet, deren zu erforschendes Objekt sich am Ort der Untersuchung befindet. Die Detektion eines unterirdischen Wasserlaufs wird beispielsweise in diese Disziplin eingeordnet. Das »Signal«, also die »Strahlung« eines unterirdischen Wasserlaufs, auf die der Organismus des Radiästhesisten reagiert, wird dabei als etwas Physisches betrachtet.

Unter mentaler Radiästhesie werden Forschungen verstanden, bei denen eine räumliche oder zeitliche Schranke zu überwinden ist. Während Gegenstand der Forschung und Radiästhesist voneinander räumlich getrennt sind, werden bei der Befragung Erkenntnisse über einen Zustand aus der Vergangenheit erzielt. Statt der Bezeichnung »mentale Radiästhesie« wird gelegentlich auch der Begriff »Teleradiästhesie« gebraucht. Unter Laien und auch in eingeweihten Kreisen wird der physikalischen Radiästhesie weitaus mehr Verständnis und Akzeptanz entgegengebracht als der mentalen Radiästhesie, denn die Suche nach dem Verlauf einer unterirdischen Wasserader beispielsweise erscheint als völlig unproblematisch, wenn sie an Ort und Stelle und nicht aus einer Entfernung von mehreren hundert Kilometern mit Hilfe einer Landkarte des zu erforschenden Gebiets unternommen wird. Auch der radiästhetischen Diagnostik wird eher vertraut werden, so sie am Patienten selbst durchgeführt wird und nicht in seiner Abwesenheit. Noch mehr Verlegenheit oder Mißtrauen wird dieselbe radiästhetische Diagnostik hervorrufen, wenn sie nicht weniger präzise den fünf Jahre zurückliegender. Gesundheitszustand eines Patienten feststellt, ein beliebiger Zeitabstand also zwischen einem bestimmten Zustand und dem Zeitpunkt seiner Erforschung vorliegt.

Analysen vieler Hypothesen über den Wirkungsmechanismus der radiästhetischen Wahrnehmung führen zu der Schlußfolgerung, daß ein immer gleicher Mechanismus ungeachtet dessen abläuft, ob räumliche oder zeitliche Schranken überwunden werden müssen oder nicht. Oft rechnen sich Radiästhesisten selbst definitiv der einen oder anderen Disziplin radiästhetischer Forschung zu und verstehen sich entweder als mentale oder als physikalische Radiästhesisten mit der exklusiven Berechtigung, eine Forschung allein in ihrem Tätigkeitsgebiet durchzuführen. Die Beherrschung verschiedener Techniken und die Einsicht, daß mentale und physikalische Forschung gut nebeneinander existieren können, werden die Vorurteile über die Notwendigkeit einer solchen Einteilung der Radiästhesie überwinden helfen.

Radiästhetische Sensibilität

Auf vielen Gebieten menschlicher Tätigkeiten, Kunst oder der Wissenschaft, finden wir Menschen, die sich durch eine besondere Sensibilität auszeichnen. So gibt es auch Menschen, die eine größere radiästhetische Sensibilität aufweisen als andere. Wenn von einer solchen Sensibilität die Rede ist, stellt man meistens die Frage, wie hoch der Prozentsatz von Menschen ist, die eine solche Fähigkeit besitzen, wie sie festzustellen ist, ob ihre Intensität gemessen werden kann und ob diese Intensität einen konstanten oder variablen Wert hat. Hinsichtlich ihres Auftretens bei einer bestimmten Anzahl von Menschen kann die radiästhetische Sensibilität mit der Musikalität verglichen werden. Gleich ihr kann auch die radiästhetische Sensibilität bei einer Person schwächer oder stärker ausgeprägt sein, und man kann hier angeborene und erworbene radiästhetische Sensibilität unterscheiden.

Die angeborene radiästhetische Sensibilität kommt mehr oder weniger bei fast jedem Menschen in latenter Form vor.

Die meisten Menschen sind sich ihrer nur eben nicht bewußt, wie es auch bei vielen anderen menschlichen Fähigkeiten und Neigungen der Fall ist. Da heutzutage Kinder im frühesten Alter mit Kunst und Spiel zur Förderung der Kreativität in Berührung gebracht werden, fällt es nicht schwer, Personen mit angeborenem Sinn und Talent für die bildende Kunst, Musik oder ähnliches zu entdecken.

Die Radiästhesie ist immer noch in vielerlei Hinsicht ein unbekanntes Terrain – nicht nur in wissenschaftlichen Kreisen, sondern auch in der breiteren Öffentlichkeit. Demzufolge wird sie im täglichen Leben im Vergleich zu anderen menschlichen Fähigkeiten verhältnismäßig selten genutzt. Aus Gründen ungenügender Kenntnis und der äußerst bescheidenen Anwendung dieses Naturphänomens konnte bisher nur eine kleinere Anzahl von talentierten Personen mit einer ausgesprochen radiästhetischen Sensibilität »entdeckt« werden. Zu Unrecht wird daher die Seltenheit des Auftretens radiästhetischer Sensibilität betont. Leider sind es nur zu oft bekannt gewordene Radiästhesisten selbst, die ein solches Gerücht befördern, auf daß ihre eigene Einmaligkeit und die besondere Qualität ihrer »außergewöhnlichen Begabung« in um so hellerem Licht erstrahle. Doch erweisen sie sich mit der Verbreitung dieses Irrtums nur einen schlechten Dienst, da sie – unter dem Erfolgszwang des Genies – sich nur unnötig belasten und die Erfolgsaussichten ihrer eigenen Arbeit schmälern.

Es kommt häufig vor, daß die radiästhetische Sensibilität mit der »radiästhetischen Fähigkeit« überhaupt verwechselt wird. Sie ist jedoch nur eine Bedingung letzterer und der Durchführung konkreter radiästhetischer Forschung. Zur Fruchtbarwerdung radiästhetischer Fähigkeiten ist neben einer angeborenen oder erworbenen Konstitution zugleich die Beherrschung entsprechender Methoden und Techniken erforderlich. Radiästhetische Sensibilität allein befähigt nicht einmal dazu, selbst einfache Praktiken der radiästhetischen Forschung durchzuführen; die Ergebnisse solchen Tuns werden den spielerischen Leistungen einer musikalisch zwar sensiblen, aber keines einzigen Musikinstrumentes kundigen Person gleichkommen.

Radiästhetische Sensibilität ist keine konstante Größe; ihr Ausmaß und ihre Intensität hängen von vielen Einflüssen ab, besonders dem psychophysischen Zustand der Person, ihrem biologischen Rhythmus und ähnlichem. Radiästhetische Sensibilität ist also veränderlich. Sie schwankt im Laufe des Tages, des Monats und des Jahres. Die Gesetzmäßigkeiten ihrer Veränderung zu kennen, ist für einen Radiästhesisten durchaus wesentlich, weil ihm dadurch die Möglichkeit gegeben wird, den Zeitpunkt einer Forschung für jenen Moment festzusetzen, in dem hochgradige Sensibilität besteht. Diese Sensibilität kann durch geistige Heranbildung, adäquate Lebensbedingungen, gute seelische und leibliche Gesundheit, ausgeglichene natürliche Ernährungsweise und ständige Einübung radiästhetischer Techniken befördert werden. Durch die Einhaltung dieser Aktivitäten wird die betreffende Person imstande sein, immer komplexere Forschungen durchzuführen, und mit ihnen wird sich auch die Zuverlässigkeit der erzielten Ergebnisse ständig vergrößern.

Als Maßeinheit radiästhetischer Sensibilität gilt unter Radiästhesisten die Häufigkeit des Ausschlags, das ist die Anzahl radiästhetischer Schläge oder Kreise des Pendels. Beträgt die durchschnittliche Sensibilität beispielsweise einhundert Schläge, kann bei extremer Sensibilität ein zehnfacher oder noch höherer Wert erreicht werden.

Unklar aber bleibt, was radiästhetische Sensibilität der Sache nach eigentlich ist, welche Rolle sie im Ablauf radiästhetischer Wahrnehmung denn spielt. Allgemein läßt sich vielleicht sagen, daß aus der Umwelt bestimmte Informationen, Auswirkungen einwirkender Strahlungen, ins menschliche Unterbewußtsein gelangen und uns mittels normal organisierter Sinnlichkeit in der Regel nicht bewußt werden.

Man kann davon ausgehen, daß die in einer langen Stammesgeschichte gewachsene Sinnlichkeit des Menschen sich gegenüber bestimmten Schwingungen, denen des wahrgenommenen Lichts und des Gehörs, zu immer größerer Sensibilität geöffnet, sich zugleich andersartigen Strahlungen gegenüber nur stärker verschlossen oder nicht geöffnet hat.

Daß der Mensch sich nicht aller auf ihn einwirkenden Strahlen bewußt ist, sondern nur einen kleinen Teil wahrnimmt, scheint nicht nur kein Mangel, sondern lebenswichtig zu sein, denn wie sollte er sich, unter einem Bombardement ihm bewußt werdender Strahlungseinwirkungen stehend, noch orientieren können, erkenntnis- und handlungsfähig sein?

Diese »bioinformationale Schutzschranke« scheint nun bei radiästhetisch begabten Menschen vergleichsweise niedriger oder weniger dicht zu sein. Bei ihnen bringen radiästhetische Einwirkungen unter Nutzung geeigneter Instrumente leichter bewußt werdende somatische Auswirkungen zustande. Auch Personen durchschnittlicher radiästhetischer Sensibilität erleben die Überwindung jener Schranke im luziden Traum oder bei gelegentlichen »Blitzen« der Intuition.

Rekonstruktion des radiästhetischen Geschehens

Unsere Umwelt sendet Schwingungen aus, von denen wir einige durch unsere Sinne wahrnehmen, während andere allein durch technische Geräte, beispielsweise Fernsehempfänger, registriert werden können. Aber es gibt auch solche Informationen, die weder unmittelbar empfunden noch durch technische Geräte registriert werden können. Sie wirken auf den Geist und den Organismus mancher Menschen und offenbaren ihnen Fragmente der Wirklichkeit.

Kann die Physik eine Antwort geben?

Betrachtet man die Radiästhesie als ein Naturphänomen, stellt sich als besonders merkwürdig die Tatsache heraus, daß die in solcher Kontaktaufnahme mit der Umwelt erhaltenen Informationen durch Signale verbreitet werden, die »reisen« können, und zwar nicht nur durch den Raum, sondern auch durch die Zeit. Diese Signale weisen bei der Überwindung großer räumlicher und zeitlicher Entfernungen eine enorme Geschwindigkeit auf. Tatsächlich besteht eine allen Erscheinungsformen der übersinnlichen Wahrnehmung gemeinsame Eigenschaft darin, daß sie als momentane Kommunikation auftritt. Es drängt sich die Frage auf, wie diese Signale konstituiert sein mögen, auf welche Art und Weise sie zeitliche und räumliche Abstände zurücklegen, wie sie hergestellt werden, wie sie vom Organismus empfangen und entschlüsselt werden, wie aus subjektiv-privatem Sinneseindruck eine objektive Erkenntnis wird.

Das Bemühen der Menschen um Deutung unterschiedlicher Naturphänomene wurde in der Geschichte sehr häufig durch Heranziehung bis dahin gewonnener und allgemein akzeptierter Erfahrungen und Erkenntnisse untermauert, schien dadurch ein bislang unerklärt gebliebenes Phänomen annehmbar und verständlich zu werden, obwohl im Endergebnis doch auch weiterhin ein Rest unverstanden blieb. Bei der Erforschung von Phänomenen paranormaler Wahrnehmung gilt heutzutage als unbestritten die Tatsache, daß im Fall ihrer Deutungsversuche keineswegs nur die bisher bekannten Naturgesetze herangezogen werden können, denn diese Phänomene stehen zuweilen mit grundlegenden Gesetzmäßigkeiten und Regeln der Physik sowie anderer wissenschaftlicher Disziplinen nicht im Einklang. Es werden im folgenden zwei Versuche einer Deutung des radiästhetischen Wirkungsmechanismus aufgezeigt, die infolge einer weiteren Erforschung dieser Form der übersinnlichen Wahrnehmung als unangemessen verworfen wurden.

Die Entdeckung des elektromagnetischen Feldes und der elektromagnetischen Wellen konnte den Anschein erwecken, daß bloße Mutmaßungen über den Mechanismus der Informationsübertragung im System der übersinnlichen Wahrnehmung bald ein Ende fänden. *Die elektromagnetische Welle ist unsichtbar*. Sie bewegt sich mit einer relativ hohen Geschwindigkeit. Diese Feststellung war Grund genug, eine Theorie der übersinnlichen Kommunikation mittels der von elektromagnetischen Wellen getragenen Signale, ähnlich dem Vorgang bei einer Rundfunkübertragung, aufzustellen. Die Elektroenzephalographie stellte entschieden fest, daß das menschliche Gehirn Quelle elektromagnetischer Wellen ist, was im ersten Moment der Theorie über die übersinnliche »Radio-Kommunikation« entsprach. Als man aber mit Hilfe dieser Theorie die in radiästhetischen Forschungen trotz großer räumlicher Entfernung aufgenommenen Kontakte zu deuten begann, taten sich immer größere Schwierigkeiten auf. Es ist nämlich allgemein bekannt, daß die elektromagnetische Welle durch die Ausbreitung im Raum schwächer wird, so daß sie – nach dem Erreichen eines etwa tausend Kilometer entfernten Zielpunktes die zum Empfang notwendige Stärke beibehaltend – ihre Quelle in einem viel stärkeren Absender hätte haben müssen, als dies das menschliche Gehirn ist. Versuche, bei denen zwischem dem Absender und dem Empfänger eines Signals für elektromagnetische Wellen völlig unüberwindliche Schranken vorhanden waren, zeigten Ergebnisse, die den Leistungen in schrankenlosen Versuchen völlig gleichkamen. Die These einer elektromagnetischen Informationsübertragung auf »übersinnlichem« Wege wäre damit endgültig zu verwerfen.

Das Pendeln oder Kreisen eines Geräts in den Händen des Radiästhesisten versucht man auch heute noch als Folge der Einwirkung elektromagnetischer Felder zu erklären. Damit es aber in den Händen des Radiästhesisten zur Bewegung der Masse eines aus Metall hergestellten Pendels kommen kann, ist nach dieser Hypothese das Vorhandensein eines rotierenden elektromagnetischen Feldes von größerem Ausmaß notwendig. Durch bestimmte Meßinstrumente können heutzutage auch jene elektromagnetischen Felder registriert werden, die viel schwächer als dasjenige sind, das die Masse eines Instruments beeinflussen könnte. Diese Annahme kann durch die Tatsache in Frage gestellt werden, daß die radiästhetische Detektion diverser Strahlungen genauso erfolgreich mittels jener aus Nichtmetallen hergestellten radiästhetischen Instrumente erfolgen kann, bei denen eine Beeinflussung durch das elektromagnetische Feld ausgeschlossen ist.

Das einheitliche Informationssystem

Der prominente Parapsychologieforscher Milan Ryzl hat die im Zusammenhang mit der paranormalen Wahrnehmung entstandenen Erklärungsversuche unter folgenden Titeln zusammengefaßt. Es sind die

1. spiritistische Theorie, die davon ausgeht, daß parapsychische Phänomene durch die Vermittlung von Geistern verstorbener Menschen zustande kommen;

2. animistische Theorie, nach der angenommen wird, daß im Menschen bisher unbekannte Gewalten und Fähigkeiten bestehen, durch die parapsychische Phänomene in Erscheinung treten;
3. pantheistische Theorie, die eine einzige individuelle geistige Größe, die Weltseele, das kollektive Bewußtsein, das kollektive Unterbewußtsein, annimmt, die den Charakter eines übermenschlichen intelligenten Wesens hat;
4. kosmologische Theorie, die die Existenz eines allumfassenden kosmischen Wesens vermutet, das unsere ganze physikalische Welt gemeinsam mit der Materie, dem Raum und der Zeit als Einheit darstellt.

Allen Erklärungsversuchen liegt, mehr oder weniger deutlich, als gemeinsame Annahme zugrunde, daß es so etwas wie ein allumfassendes und universelles Informationsfeld gibt, das die Informationen für alle Lebewesen wie auch für die leblosen Erscheinungsformen der Materie vollständig beinhaltet. Ein solches Informationsfeld wird oft als »kosmisches Informationsreservoir« bezeichnet oder auch als »gemeinsames Feld der primären Perzeption für die ganze Natur«. Radiästhesie wäre so verstanden eine Technik der Erschließung dieses Feldes zur Beantwortung je verschiedener Fragen.

Einige Versuche, die an Tieren, Pflanzen und Menschen durchgeführt wurden, zeigen, daß Kommunikation eigentlich auf allen Lebensebenen vorhanden ist. Es wurden bioinformationelle Kontakte zwischen Mensch und Pflanze wie auch zwischen Tier und Pflanze nachgewiesen, Kontakte, die unabhängig von der Entfernung zwischen Mensch und Pflanze hergestellt werden konnten. Der amerikanische Forscher Cleve Backster konnte durch exakte Messungen pflanzliche Reaktion auf menschliche Gedanken und Gefühle registrieren. Festgestellt wurde auch, daß die Pflanze auf den Schmerz oder den Tod eines Tieres in der Nähe reagierte. Als Voraussetzung für eine Kontaktaufnahme mit der Pflanze stellte sich für den Menschen die Einstimmung in einen bestimmten Gefühlszustand heraus.

Auch Albert Einstein geht von der Annahme der Existenz eines gemeinsamen Kommunikationsfeldes aus, das er den »kosmischen Verstand« nennt. Dieser bringe das ganze kosmische Programm der Entwicklung der lebendigen Welt und der leblosen Materie zustande und stelle eine Verbindung zwischen dem Irdischen und dem Kosmischen dar.

Weiterhin wird angenommen, daß alle aus einem solchen Informationsfeld stammenden Informationen unserem Unterbewußtsein zugänglich sind. Der Kontakt zwischen einem so verstandenen allumfassenden Informationsfeld und unserem Unterbewußtsein vollzieht sich – wie bereits erwähnt – spontan. Aus Gründen besserer Nachvollziehbarkeit werden sie als Strahlungen hoher oder niedriger Frequenz, Vibrationen, Psikräfte oder ähnliches neuerdings mit dem Ausdruck »bioinformationeller Kanal« bezeichnet.

Bei der Durchführung einer radiästhetischen Forschung, beispielsweise in der radiästhetischen Diagnostik, scheint sich die übersinnliche Kommunikation zwischen Patient und Diagnostiker mittels des universellen Informationsfeldes abzuwickeln. Es spielt dabei keine Rolle, ob sich der Diagnostiker und der Patient in unmittelbarer Nähe zueinander befinden oder Hunderte von Kilometern voneinander entfernt sind. Da alle Angaben über den Patienten und seine Beschwerden im universellen Informationsfeld gespeichert sind, wird der Radiästhesist sie an jedem beliebigen Ort erhalten, von dem aus er dieses Feld anzapft. Der Patient wird dem Radiästhesisten dabei als »Code« oder »Chiffre« dienen, mit deren Hilfe er unter zahllosen bisher gespeicherten Informationen gerade diejenigen auffinden wird, die sich auf den Gesundheitszustand des betreffenden Patienten beziehen. Falls sich der Patient und sein Diagnostiker an verschiedenen Orten befinden, kann als Code oder Chiffre ein sogenannter psychometrischer Gegenstand, beispielsweise die Handschrift oder das Foto des Patienten, dienen. Im Kapitel »Methoden radiästhetischer Forschung« wird ausführlich darüber berichtet werden. Abbildung 1 zeigt ein Schema der Informationsübertragung aus dem universellen Informationsfeld.

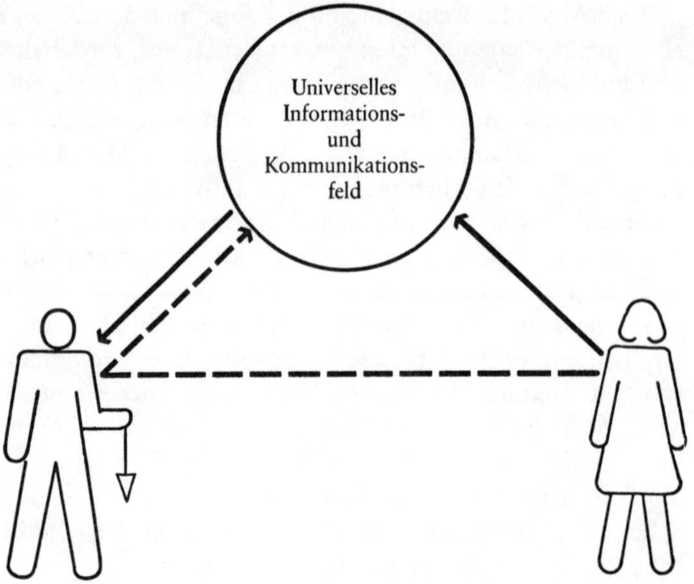

Abb. 1: Schematische Darstellung der radiästhetische Informationsgewinnung aus dem universellen Informations- und Kommunikationsfeld

Es ist jedoch nicht bekannt, in welcher Weise der Organismus die Informationen aus dem Gebiet des Unbewußten erhält und ob die Annahme bestimmter biologischer Rezeptoren irgendwie begründet ist. Mehrere Experimente wurden mit dem Ziel durchgeführt, den Mechanismus eines Informationserhalts zu entschlüsseln und den möglichen Standort solcher Rezeptoren im menschlichen Körper ausfindig zu machen. Das von Dr. Harvalik durchgeführte Experiment ist besonders interessant: Er konstruierte eine Hülle, deren Platten aus unterschiedlichen Metallen hergestellt waren, und umhüllte damit den Radiästhesisten, dessen Reaktion auf ein konstantes Signal aufgezeichnet wurde. Das Experiment bestand darin, daß bei jeder Messung ein anderes Körperteil des

Radiästhesisten von der Hülle frei blieb. Man verfolgte genau, wann er ein Signal registrierte. Die Prüfungsergebnisse zeigten, daß sich radiästhetische Sensoren vermutlich im Bereich des Solarplexus, vielleicht auch in der Kopfgegend befinden. Ein ähnliches Experiment wurde von einem aus Zagreb (Jugoslawien) stammenden Forscher durchgeführt. Seiner Meinung nach sollten die radiästhetischen Sensoren höchstwahrscheinlich in der Stirngegend gefunden werden können, dort, wo das sogenannte dritte Auge vermutet wird.

Da die bisherige Erforschung des radiästhetischen Phänomens aufzeigt, daß es sich bei ihm um eine Informationsübermittlung handelt, die nicht anhand uns bekannter physikalischer Modelle verstanden werden kann, scheint es unsinnig zu sein, nach dem genauen Ort oben erwähnter Rezeptoren zu suchen, zumal der Radiästhesist solche Informationen ohnehin höchstwahrscheinlich mittels seines gesamten Organismus empfängt. Von den Rezeptoren, mit deren Hilfe Signale oder Informationen in den Organismus des Radiästhesisten gelangen, einmal abgesehen, ist es grundsätzlich notwendig, Unbewußtes in das Gebiet des Bewußten zu übertragen.

Das Gehirn als Wandler

Von zentraler Bedeutung für eine radiästhetische Informationsgewinnung ist die Selektion dessen, was wir auf dem Gebiet des Bewußten als Information erhalten möchten. Die meisten Hypothesen postulieren, alle Informationen seien ständig vorhanden, nur eben nicht bewußt. Wenn die schon erwähnte biologische Schranke nicht bestünde, würden all diese Informationen mit einem Mal das Gebiet des Bewußten besetzen, was dem »Wirrwarr« gleichkäme, der durch den gleichzeitigen Empfang mehrerer hundert Rundfunksender entstehen würde. Wir verständen allerdings nichts mehr. Von einer solchen Informationslawine überrollt, verlöre der Mensch wohl den Verstand. Es kommt darauf an, daß die biologische Schranke die Funktion eines Filters beibehält. Die Auswahl der gewünschten Information wird mentale Einstellung genannt. Da es sich um eine mentale Aktivität handelt, spielt auch das Gehirn innerhalb des radiästhetischen Wahrnehmungsmechanismus eine wichtige Rolle.

Im radiästhetischen Zyklus hat es zwei grundlegende Aufgaben: Die erste besteht in der Steuerung der biologischen Schranke, so daß aus dem Gebiet des Unbewußten ausschließlich die gesuchte Information durchgelassen wird. Die zweite Aufgabe des Gehirns besteht in der Bestimmung der physiologischen Reaktion auf die empfangene Information im Organismus des Radiästhesisten, eine Reaktion, durch die jene Auswirkung radiatischer Einwirkung bewußt werden kann. Das Gehirn des Radiästhesisten stellt in diesem Zusammenhang eine Art Wandler dar, der die erhaltenen Informationen psychischer Energie in einen physiologischen Vorgang umwandelt.

Die Eigenart der Radiästhesie besteht im Unterschied zu anderen Formen paranormaler Wahrnehmung gerade in dieser physiologischen Reaktion, als der vom Radiästhesisten geleisteten Umwandlung radiatischer Einwirkung, das ist meist eine motorische Reaktion der Faustmuskeln. Dies wird durch den für die Motorik zuständigen Teil der Hirnrinde bewirkt. Der für die Faustmotorik und das Mundmuskelsystem verantwortliche Teil der Hirnrinde ist viel größer als jene Teile, die die Motorik anderer Organe steuern. Infolgedessen wird eine vollkommene Koordination aller Faustbewegungen gesichert, durch die dem Menschen die Ausführung kompliziertester Handgriffe ermöglicht wird. Die Fähigkeit des Menschen, mit Hilfe des Mundes unterschiedlichste Laute zu erzeugen, ermöglicht die komplexe Artikulation sprachlicher Verständigung. Abbildung 2 stellt den »Homunkulus« dar – das Menschlein, dessen Gestalt den proportionalen Anteil der Verbindung einzelner Organe mit der Hirnrinde zum Vorschein bringt. Die groteske Darstellung des eigenartigen Menschleins fällt durch riesige Arme und einen großen Mund besonders auf.

Abb. 2: Homunkulus

Eine außergewöhnliche Verbindung des Gehirns mit dem Faustmuskelsystem ermöglicht es, daß selbst die geringsten vom Gehirn herrührenden Regungen eine Reaktion der Faustmuskeln auslösen. Manche durch radialische Einwirkung und durch Nervenimpulse unmittelbar veranlaßten Reaktionen der Faustmuskeln sind so geringfügig, daß sie praktisch unbemerkt bleiben. Diese Reaktionen können nur »sichtbar« gemacht werden, indem sie ein radiästhetisches Gerät wie Wünschelrute oder Pendel in Bewegung setzen. Anhand der Bewegungsformen der verwendeten Geräte kann der Radiästhesist die empfangene Information »dekodieren«. Abbildung 3 bringt eine schematische Darstellung des Empfangs radiästhetischer Information.

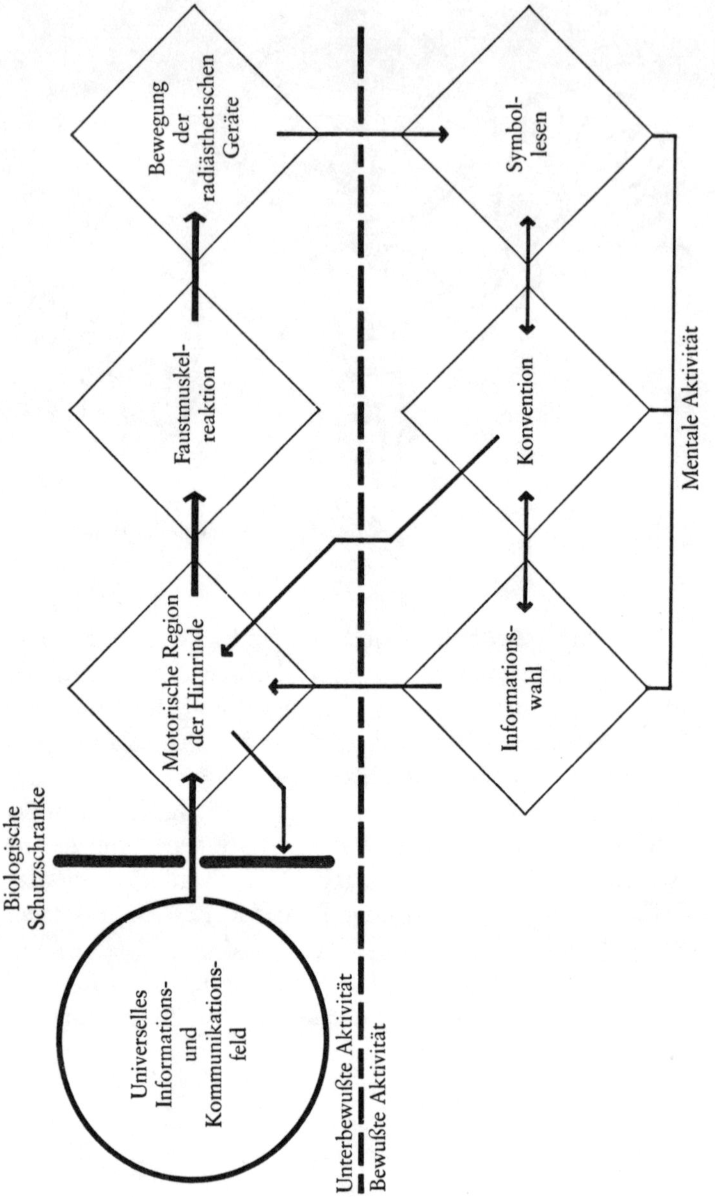

Abb. 3: Blockschema radiästhetischer Wahrnehmung

Drei Phasen radiästhetischer Forschung

Der Ablauf radiästhetischer Forschung kann in drei charakteristische Phasen eingeteilt werden.

In der ersten Phase grenzt der Radiästhesist sein Forschungsobjekt ein, definiert dann die Frage, auf die er eine Antwort erhalten will, und bestimmt – einer genau festgelegten radiästhetischen Konvention gemäß – mögliche Bewegungen des angewandten radiästhetischen Gerätes.

In der zweiten Phase reagiert der Radiästhesist auf die empfangene Information ganz unbewußt, wodurch das Gerät in seinen Händen unwillkürlich in Bewegung gesetzt wird. In dieser Phase konzentriert er sich ganz auf sein Forschungsobjekt.

In der dritten Phase muß er diesen Vorgang beurteilen, indem er im Einklang mit der gestellten Frage und der festgelegten Konvention die Bewegung des radiästhetischen Gerätes deutet.

Falls der Radiästhesist beispielsweise die Affinität seines Organismus einem bestimmten Lebensmittel gegenüber bestimmen will, wird er im Hinblick auf die genannten Phasen folgendermaßen vorgehen:

Phase I: Er wird feststellen, daß das Pendel zur Prüfung der Affinität seines Organismus einem Lebensmittel gegenüber das geeignete radiästhetische Werkzeug ist. Dann wird er herausfinden, daß das Pendel durch kreisförmige Bewegungen reagieren kann, und zwar so, daß das Kreisen im Uhrzeigersinn eine bejahende, während die entgegengesetzte Bewegungsrichtung eine verneinende Antwort bedeutet. Im Einklang mit der Möglichkeit einer Ja-/Nein-Antwort stellt er konkrete Fragen, wie etwa, ob der Verzehr des Lebensmittels »X« seiner Gesundheit förderlich sei (oder nicht). Durch die Formulierung einer bestimmten Frage hat sich der Radiästhesist mental ausschließlich auf den Empfang der gesuchten Information eingestellt. Zuvor bestimmt er verschiedene Bewegungsarten des radiästhetischen Werkzeugs als mögliche Reaktionen auf die gestellte Frage und legt so für jede dieser Bewegungen eine bestimmte Bedeutung fest.

Phase II: Wenn er die Frage gestellt hat, versucht er die visuelle Vorstellung vom untersuchten Gegenstand beharren zu lassen, widmet ihm, frei von der Erwartung einer positiven oder negativen Antwort, seine ganze Aufmerksamkeit. In dieser Phase muß der Radiästhesist einen tranceähnlichen Bewußtseinszustand erreichen, der frei von Wünschen, Absichten oder logischen Schlüssen bleibt und es ihm erlaubt, sich der ihn aus dem Unbewußten ansteuernden Information zu öffnen.
Die zweite Phase endet mit der Materialisierung der empfangenen Information in Form einer Pendelbewegung.

Phase III: Durch die Bewegung gegen den Uhrzeigersinn hat das Pendel laut festgelegter Konvention eine negative Antwort gegeben. Der Radiästhesist folgert daraus: Das Lebensmittel »X« eignet sich für seine Ernährung nicht.

Radiästhetische Instrumente und Symbole

Bei der Erläuterung der These über den Mechanismus der radiästhetischen Informationsübermittlung wurde hervorgehoben, daß der Organismus auf die empfangene Botschaft meistens durch Verkrampfung der Faustmuskeln reagiert. Andere mögliche Reaktionen des Organismus können bei einigen Personen beispielsweise in einer Temperaturerhöhung an bestimmten Körperteilen, einer Aufblähung, verstärktem Schwitzen oder einem Übelkeitsgefühl bestehen. Durch Ortung dieser Reaktionen im Organismus und die Feststellung ihrer Intensität kann der erfahrene Radiästhesist diese Zustände als Ausdruck einer empfangenen Information deuten, ohne eines zusätzlichen Indikators zu bedürfen. Die Bedeutung der physiologischen Reaktion unmerklicher Faustmuskelverkrampfungen ist nicht ohne weiteres offensichtlich, ja die Reaktion selbst wird in der Regel gar nicht bemerkt. Radiästhetische Geräte haben nun die Aufgabe, die unmerklichen Faustmuskelverkrampfungen sichtbar zu machen. Die Bewegung eines radiästhetischen Werkzeugs selbst verdankt sich also ausschließlich der unbewußten Aktivität der Faustmuskeln. Seine Bewegungen sind nur der mechanisch verstärkte Ausdruck physiologischen Geschehens, das ohne jenen Indikator unbewußt bleiben würde.

Neben herkömmlichen radiästhetischen Geräten wie Pendel und Wünschelrute werden heutzutage immer häufiger sogenannte Biotensoren, L-Antennen und andere Instrumente verwendet. Auf Grund spezifischer Merkmale wird jedes von ihnen auf einem bestimmten Gebiet radiästhetischer Forschung zur Anwendung gebracht.

Von einem radiästhetischen Gerät wird vor allem Funktionalität, aber auch ein zufriedenstellendes ästhetisches Aussehen erwartet. Das Pendel beispielsweise darf keine zu große oder zu kleine Masse aufweisen, und die Schnur, an die der Pendelkopf befestigt ist, muß in gewisser Hinsicht elastisch sein. Bei der Wünschelrute muß die Flexibilität der Rutenschenkel mit ihrer jeweiligen Länge in Einklang stehen.

In radiästhetischen Kreisen wird oft unnötigerweise dem für die Fertigstellung eines Gerätes benötigten Material allzu große Bedeutung beigemessen. Manche Fachleute behaupten, es sei notwendig, radiästhetische Geräte aus Metallen herzustellen, weil nach ihrer Überzeugung ausschließlich Metalle die aus dem menschlichen Organismus stammende Energie weiterleiten könnten. Dies wird aber häufig von Kollegen bestritten, die mittels aus Nichtmetallen hergestellter Geräte ebensogute Ergebnisse erzielen. Die erste Wünschelrute war nichts anderes als ein abgezwackter Baumast.

Heutzutage werden radiästhetische Geräte aus verschiedenen Stoffen hergestellt. Das sind fast alle Metalle, Edelhölzer, Kristalle, Knochen und ähnliches. Die Auswahl des zu verwendenden Stoffes ist davon abhängig, wie leicht er sich bearbeiten läßt und welches ästhetische Aussehen das Gerät haben soll. Obwohl Prüfungsergebnisse zeigten, daß das Material für die erfolgreiche Durchführung radiästhetischer Forschungen nicht wesentlich ist, gibt es weiterhin Radiästhesisten, die der Meinung sind, für jede einzelne Person eigne sich ein bestimmter Stoff am besten. Diese Meinung wird häufig von Herstellern und Vermittlern radiästhetischer Instrumente bekräftigt, deren Werbeunterlagen sogar Tabellen enthalten, die es dem Käufer ermöglichen sollen, das »genau auf ihn« abgestimmte radiästhetische Gerät ausfindig zu machen. Diese Tabellen, die beispielsweise das Horoskopzeichen des Käufers als Auswahlkriterium verwenden, können so ausführlich sein, daß sie sogar Wochentage angeben, an denen die betreffende Person mittels des gut gewählten Werkzeugs die voraussichtlich besten Ergebnisse erzielen wird.

Hier soll auch gesagt sein, daß das ästhetische Aussehen des Werkzeugs weitaus wichtiger ist, als dies auf den ersten Blick erscheinen mag. Die Beschaffenheit des Werkzeugs, das heißt, seine spezifische Form, veranlaßt den Radiästhesisten zu einem freundlichen Umgang mit seinem Gerät, was sich auf die Zuverlässigkeit der Forschungsergebnisse günstig auswirkt. Der Kontakt kann so ausgeprägt sein, daß das Werkzeug manchmal als eine Art Amulett behandelt wird. Viele bekannte Radiästhesisten übertreiben ihre Bindung an das geliebte Gerät derart, daß sie beispielsweise raten, das Gerät nicht an fremde Personen weiterzugeben, weil es, wenngleich es bloß Materie zu sein scheint, den »Hauch« seines Besitzers aufweise. Wenn das Pendel trotzdem in die Hände einer fremden Person geriete, müßte es – so die Vorstellung der Fetischisten – von den Einwirkungen dieser Person »befreit« werden, indem es in fließendem Wasser gründlich gewaschen und dann abgetrocknet wird, so daß sein eigentlicher Besitzer es mit seinem Atem wieder »behauchen« könne. Solch merkwürdige Praktiken erscheinen aus dem Blickwinkel aufgeklärter Radiästhesie als bloßer Ausdruck eines grundlegenden Mangels an Kenntnissen dieser Disziplin überhaupt.

Radiästhetische Werkzeuge, die durch unbewußte Faustmuskelreaktionen des Radiästhesisten in Bewegung gesetzt werden, beschreiben bei solchen Bewegungen verschiedene Zeichen. An und für sich bedeuten solche Zeichen solange nichts, bis ihnen ein bestimmter Sinn beigelegt wird. Die Bewegungsform, die per definitionem eine bestimmte Bedeutung erhält, wird radiästhetisches »Symbol«, die Festlegung der bestimmten Bedeutung einer konkreten Bewegungsform »Konvention« genannt.

Jedes Gerät weist spezifische Bewegungsformen auf. Von ihnen wird es abhängig sein, auf welchem Gebiet der radiästhetischen Forschung das Gerät zur Anwendung kommt. Im weiteren Text werden Grundformen der gebräuchlichsten Instrumente hinsichtlich ihrer Konstruktion, ihrer potentiellen Bewegungsformen und der ihnen entsprechenden Anwendungsgebiete ausführlich dargestellt.

Das Pendel

Das am häufigsten verwendete radiästhetische Gerät ist das Pendel. So einfach es konstruiert ist, so vielfältig sind die Darstellungsmöglichkeiten seiner Symbole. Es eignet sich daher für eine Anwendung auf fast allen Gebieten radiästhetischer Forschung. Meistens wird es auf dem Gebiet der Affinitäts-, das heißt der Zugehörigkeitsbestimmung verwendet, während es zum Zwecke der Detektion ausschließlich in der radiästhetischen Diagnostik zur Anwendung kommt.

Das Pendel besteht aus zwei Teilen: dem Pendelkopf und der Pendelschnur. Der Pendelkopf kann aus verschiedenen Stoffen hergestellt werden. Seine Grundfunktion besteht darin, eine konzentrierte Masse darzustellen, die fünfzehn bis fünfzig, in Ausnahmefällen bis zu hundert Gramm beträgt. Die Gewichte müssen so verteilt sein, daß der Pendelkopf symmetrisch zur Hängeachse rotieren kann. Eine ungleichmäßige Verteilung der Pendelmasse um die Achse könnte sich auf die Bewegungsform ungünstig auswirken, besonders im Falle kreisförmiger Bewegungen. Daher werden Formen eines umgedrehten Kegels, der Kugel oder der Walze empfohlen.

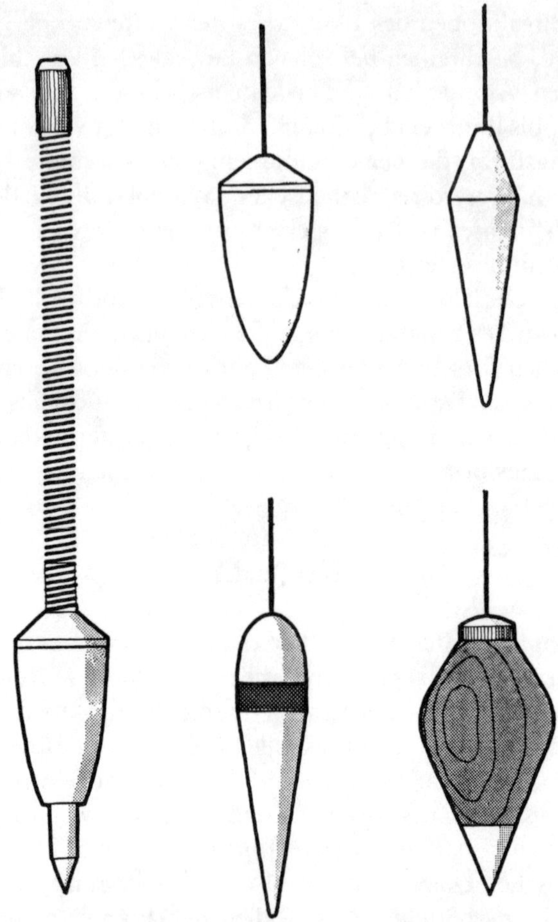

Abb. 4: Verschiedene Pendelmodelle
(Pendel nach Farkaš: siehe Hinweise ab Seite 202)

Wenn Pendel bei Forschungen zur Anwendung kommen, bei denen unterschiedliche Diagramme als Vorlagen dienen, werden Modelle mit ausgeprägten Spitzen bevorzugt, damit die Pendelbewegungen in bezug auf das Diagramm so leicht als möglich verfolgt und die vom Pendel angezeigten Werte mühelos abgelesen werden können. Abbildung 4 zeigt eine Reihe unterschiedlicher Pendeltypen.

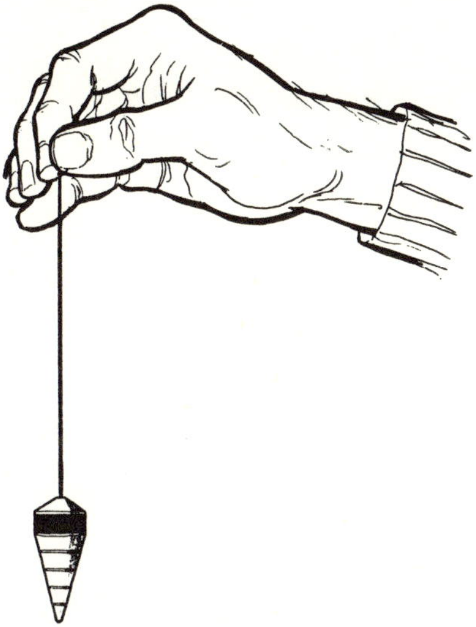

Abb. 5: Richtige Pendelhaltung

Die kaum merklichen Muskelbewegungen der Faust oder der Finger werden durch die Pendelschnur in der Hand des Radiästhesisten an die Pendelkopfmasse weitergegeben. Je größer die Pendelkopfmasse ist, um so schwerfälliger wird das Pendel sein. Daher werden dem Anfänger leichtere Pendel zum Gebrauch empfohlen. Die Pendelschnur muß ausreichend flexibel und dehnbar sein, damit die Bewegung des Pendelkopfes nicht beeinträchtigt wird. Seit einiger Zeit wird bei manchen Modellen statt der Schnur eine elastische Feder benutzt, die die Sensibilität des Werkzeugs erhöht. In der Regel bewegt sich das Pendel um so leichter, je länger die Schnur ist. Empfohlen wird eine Länge zwischen 8 und 15 cm.

Es ist besonders wichtig zu wissen, wie man das Pendel hält. Die Pendelschnur liegt normalerweise zwischen Zeige- und Mittelfinger der rechten Hand. Man soll darauf achten, daß die Pendelschnur bloß an einem Punkt berührt wird, damit während des Pendelns Störungen durch die Zeigefinger- oder Daumenspitze vermieden werden. Abbildung 5 zeigt die richtige Haltung, Abbildung 6 die falsche.

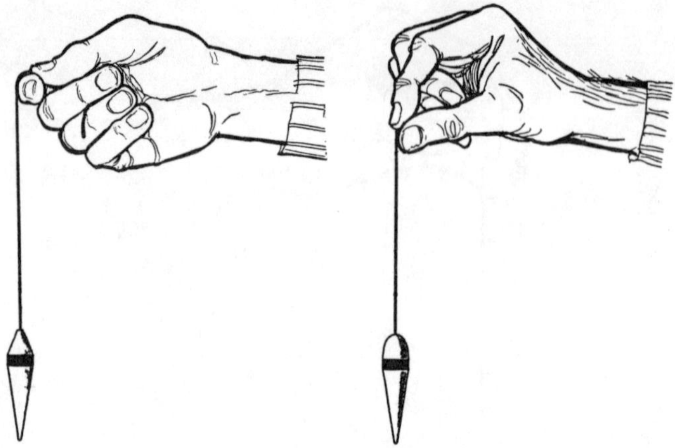

Abb. 6: Falsche Pendelhaltung

Grundlegende Bewegungsformen des Pendels sind die kreisförmige und die geradlinige Bewegung sowie Kombinationen dieser beiden Bewegungsarten. Sie verlaufen in bezug auf den Ruhepunkt immer symmetrisch. Abbildung 7 zeigt grundlegende Pendelbewegungsarten:

1. Kreisen des Pendels im Uhrzeigersinn (rechts gerichtetes Kreisen),
2. Kreisen des Pendels gegen den Uhrzeigersinn (links gerichtetes Kreisen),
3. geradlinig-senkrechte Bewegung,
4. geradlinig-parallele Bewegung,
5. elliptische Bewegung,
6. Kombination von geradliniger und kreisförmiger Bewegung (rosettenförmig).

Bei der rosettenförmigen Bewegung erfolgt zuerst das geradlinig-senkrechte Pendeln, das sich dann nach jeder Bewegung um einige Grade in Richtung des Uhrzeigersinns verschiebt. Das Pendel kann auch aus der waagerechten Lage seine Bewegung rosettenförmig beginnen. Geradlinige und kreisför-

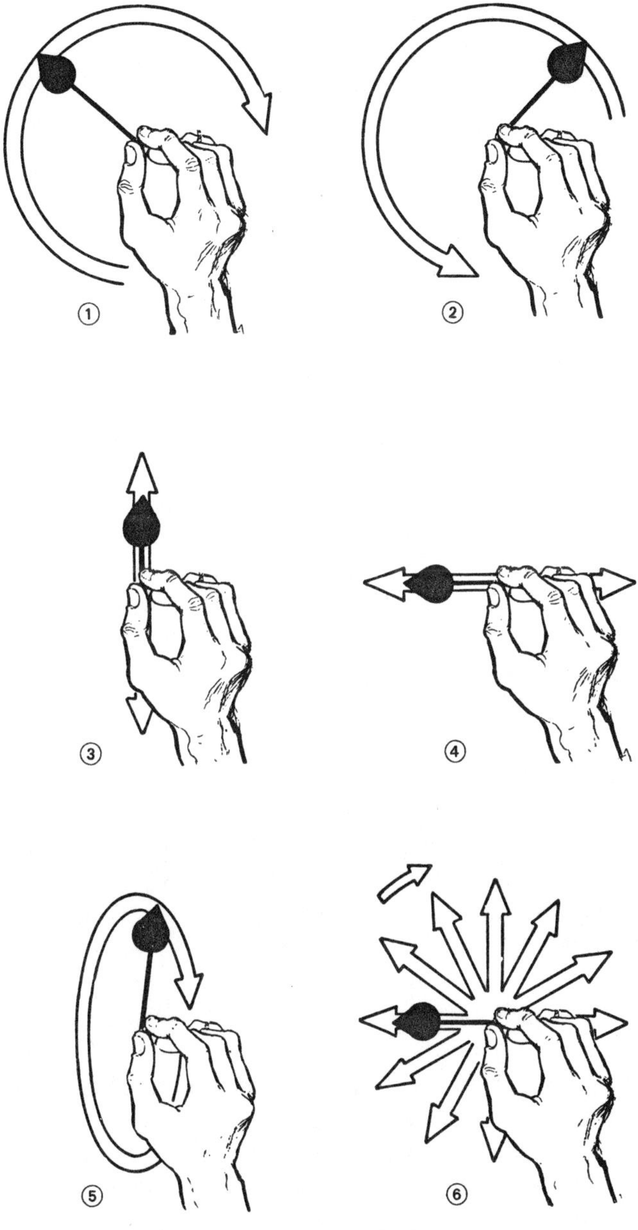

Abb. 7: Bewegungsformen des Pendels

mige Bewegungen sind einfacher und sollten zunächst (durch eine entsprechende Konvention) eingeübt werden, damit später zu komplizierteren Formen wie der Ellipse oder Rosette übergegangen werden kann.

Die Wünschelrute

Verschiedene Quellen weisen die Wünschelrute als das älteste radiästhetische Werkzeug aus; einige Autoren hingegen behaupten, das älteste Werkzeug sei ein etwas längerer elastischer Stab oder eine Rute gewesen. Ein solches Werkzeug stellt eine Vorwegnahme des heutigen Biotensors dar.

Die Anwendungsmöglichkeiten der Wünschelrute sind eingeschränkt. Sie wird hauptsächlich auf dem Gebiet der Detektion, in der Geologie und besonders zur Auffindung verschiedener geopathogener Strahlungen gebraucht.

Die Wünschelrute eignet sich gut für die Arbeit im Freien, weil sie im Unterschied zum Pendel, dem Biotensor oder der L-Antenne dem Einfluß von Luftströmungen viel weniger ausgesetzt ist.

Die Wünschelrute besteht aus zwei Schenkeln, die an einem Ende miteinander verbunden sind, während sie am anderen Ende auseinanderragen. Dort befinden sich gewöhnlich die Henkel. Dieses Gerät wird aus verschiedenen elastischen Stoffen wie beispielsweise Stahlfederdraht, Plastikstangen, dünneren Holzruten oder Plexiglas hergestellt. Dabei kommt es darauf an, daß die Schenkel aus elastischen Stoffen gefertigt werden und die Henkel eine flache, runde Form aufweisen, damit sich die Rute in den Händen des Radiästhesisten störungsfrei bewegen kann. Der Mechanismus, durch den die Rute in Bewegung gesetzt wird, ist besonders interessant. Wenn der Radiästhesist die Wünschelrute in die Hände nimmt, biegt er sie, bis sie sich in der richtigen Ausgangsposition befindet. Durch das Biegen der elastischen Schenkel lädt der Radiästhesist sein Gerät mit einer bestimmten Energie auf, die der Spannung bei der Aufwindung einer Feder vergleichbar ist. Jetzt befindet sich die Rute in einem labilen

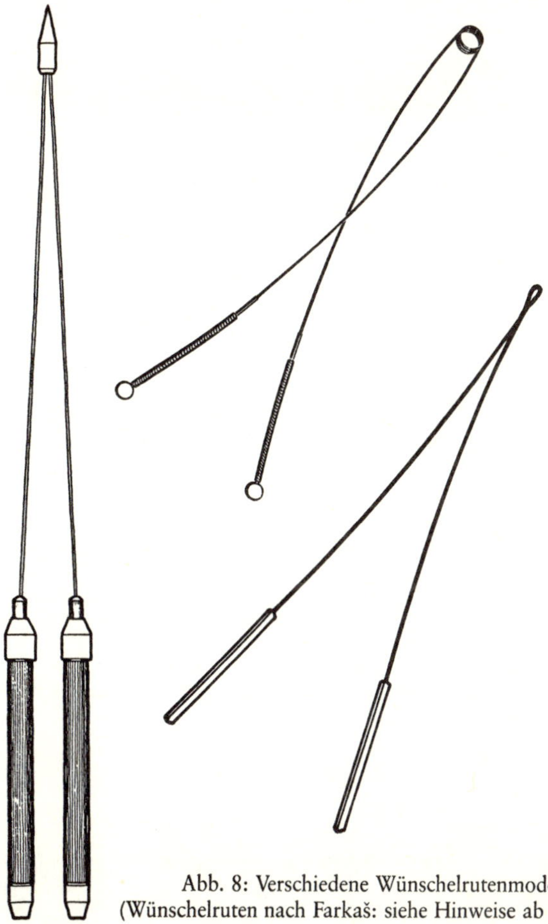

Abb. 8: Verschiedene Wünschelrutenmodelle
(Wünschelruten nach Farkaš: siehe Hinweise ab Seite 202)

Gleichgewicht, so daß die kleinste spontane Faustbewegung des Radiästhesisten genügt, die Rute aus dem Gleichgewicht zu bringen. Die potentielle Energie wird dadurch in die kinetische umgesetzt, die Spannung entlädt sich in der Bewegung.

Die Empfindlichkeit der Wünschelrute wird erhöht, wenn in ihren Henkeln Kugellager eingebaut sind. Gute Ergebnisse lassen sich auch mittels eines einfachen Federdrahtstückes, im Radiästhesistenjargon »Klavierdraht« genannt, erreichen. Einige Wünschelrutentypen werden in Abbildung 8 dargestellt.

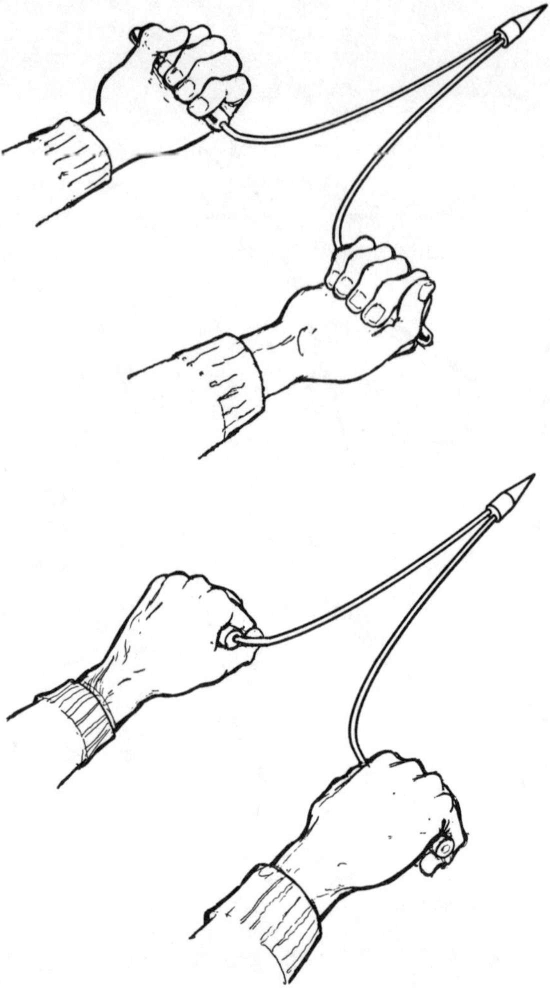

Abb. 9: Grundhaltungen der Wünschelrute

Die Wünschelrute hält man mit beiden Händen so, daß sich in jeder Faust je ein Rutenschenkel befindet. Es gibt zwei Grundhaltungen: die Handflächen weisen nach unten oder nach oben. Siehe hierzu Abbildung 9.

Grundlegende Bewegungsarten der Wünschelrute sind die Bewegung nach vorwärts und nach rückwärts sowie das so-

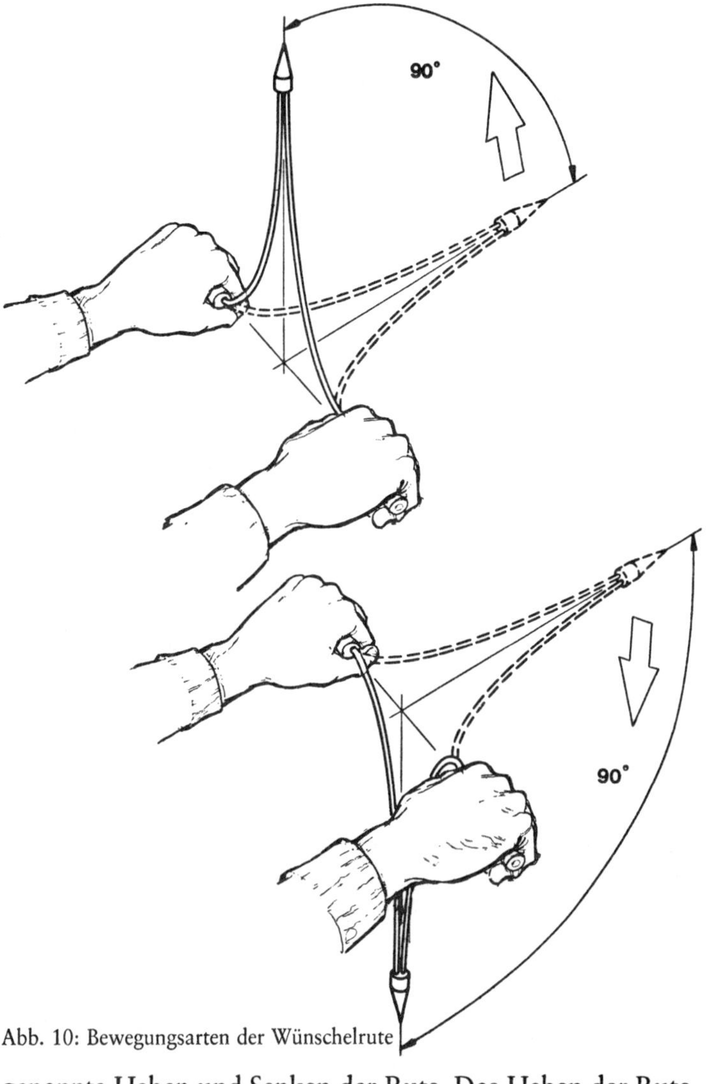

Abb. 10: Bewegungsarten der Wünschelrute

genannte Heben und Senken der Rute. Das Heben der Rute bedeutet eine Drehung der Rutenspitze um 90 Grad von der neutralen Lage zum Radiästhesisten hin, während das Senken eine Verschiebung der Rutenspitze um 90 Grad in Bodenrichtung darstellt. Mögliche Bewegungsarten der Wünschelrute zeigt die Abbildung 10.

Die »L«-Antenne

Die L-Antenne, auch Reisewünschelrute genannt, stellt einen neueren Typ radiästhetischer Instrumente dar. Dieses Instrument wird bei der Detektion unterirdischer Wasserläufe sowie für die Standortbestimmung von Fundgruben verschiedener Erze angewandt. Erfahrene Radiästhesisten verwenden dieses Gerät gern bei der Ermittlung unterirdischer Installationen beziehungsweise von Wasserleitungen oder Abwässerkanälen, deren genaue Lage sich verfügbaren Dokumenten nicht entnehmen läßt. Hier hat sich das Instrument bewährt. Gute Ergebnisse wurden auch bei der Feststellung von Fehlern unterirdischer Rohrsysteme der Wasser-, Wärme- oder Gasleitung, zum Beispiel eines Rohrbruchs, erzielt.

L-Antennen bestehen aus zwei in Form des Buchstaben L gebogenen Stangen. Das Verhältnis zwischen dem kürzeren und dem längeren Stangenschenkel beträgt 1 : 3. Diese Antennen werden meistens aus runden Metallstangen von 3 bis 4 mm Durchmesser hergestellt. Der Radiästhesist hält eine Stange am kürzeren Ende, wie es aus Abbildung 11 ersichtlich wird. In der Ausgangslage werden die Antennenstangen parallel zueinander gehalten, je eine Stange liegt in der Handfläche wie in einer Lagerpfanne lose auf. Wenn der Radiästhesist oberhalb der gesuchten radiatischen Quelle gerät, führt unbewußtes Verkrampfen der Faustmuskeln zu einer Drehbewegung beider Stangen, so daß sie in Abhängigkeit zur festgelegten radiästhetischen Konvention einander überkreuzen oder sich spreizen. Beide Fälle werden in Abbildung 12 dargestellt.

Antennen, in deren Henkeln Kugellager eingebaut sind, stellen überaus empfindliche radiästhetische Instrumente dar. Der größte Mangel dieser Geräte liegt in ihrer Windempfindlichkeit. Daher ist ihre Verwendung im Freien problematisch, bei stärkerem Wind nahezu unmöglich.

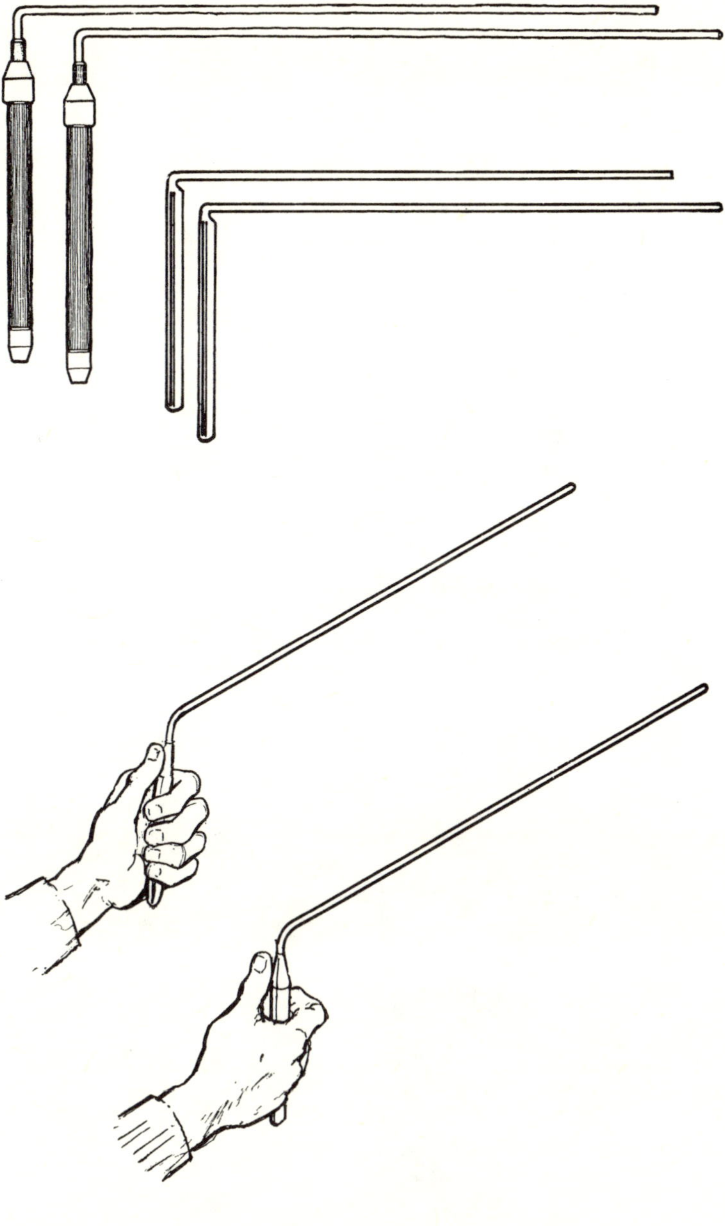

Abb. 11: L-Antennen; Grundhaltung

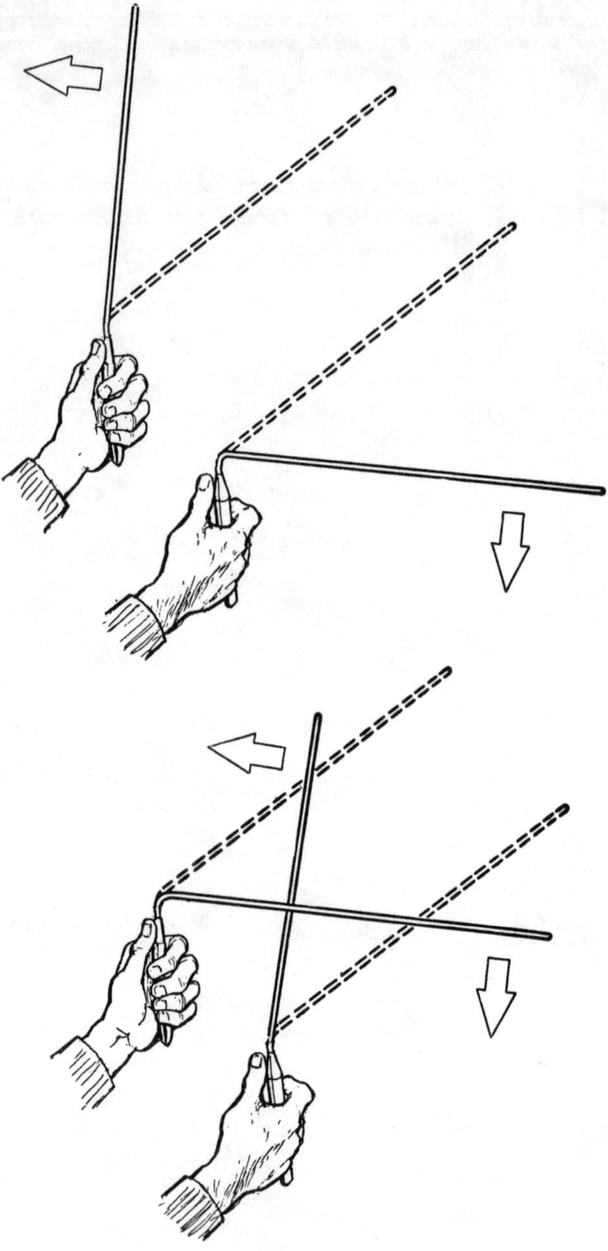

Abb. 12: Bewegungsformen der L-Antennen

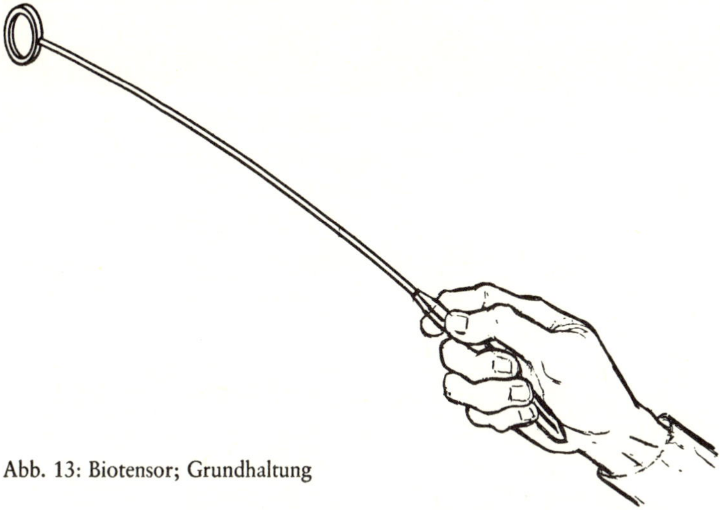

Abb. 13: Biotensor; Grundhaltung

Der Biotensor

Die Vorgängerin des Biotensors in der Radiästhesie war eine längere elastische Rute, die man an einem Ende in der Hand hielt, während das andere Ende frei blieb. Diese Rute wurde parallel zur Bodenfläche gehalten. Falls der Radiästhesist oberhalb der Strahlenquelle stand, übertrugen sich unbewußte Faustmuskelverkrampfungen auf die Rute, wobei deren Spitze zu pendeln begann. Dieses »Suchen mit der Rute« oder »Weissagung mit dem Stab« wurde »Rhabdomantie«, eine so verfahrende Person »Rhabdomant« genannt.

Der Biotensor ist heute ein wegen besonderer Empfindlichkeit immer häufiger verwendetes radiästhetisches Instrument. Seine Anwendung findet er auf dem Gebiet der radiästhetischen Affinitäts- beziehungsweise Zugehörigkeitsbestimmung (Kompatibilität). Dieses Gerät zeigt sich als besonders geeignet, die Affinität eines Patienten zu einem bestimmten Heilmittel zu bestimmen. Von manchen Radiästhesisten wird es auch gerne bei der Detektion geopathogener Strahlungszonen benutzt.

Die moderne Version dieses Instrumentes besteht meistens aus einem Henkel und einem elastischen Teil, der hauptsächlich aus Stahlfederdraht hergestellt wird. Ein Drahtende ist am Henkel befestigt, während sich am anderen Ende ein ringförmiges Gewicht befindet. Statt des Federdrahtes kann auch eine festere dünne Feder benutzt werden. Wichtig ist, daß die Elastizität des Federdrahtes und die Gewichtsmasse in einem ausgewogenen Verhältnis zueinander stehen. Davon wird es abhängen, ob die unbewußten Faustmuskelbewegungen erfolgreich auf den Federdraht übertragen werden können.

Die Bewegung des Gewichts beim Biotensor kann geradlinig, senkrecht, waagerecht, kreisförmig im Uhrzeigersinn oder in Gegenrichtung verlaufen. Möglich ist auch eine Kombination von geradliniger und senkrechter Bewegung in Form einer Ellipse, die eher senkrecht oder eher horizontal sein kann. Die Bewegungsmöglichkeiten des Biotensors, sein Aussehen und seine Handhabe zeigen die Abbildungen 13 und 14.

Elektronisches Gerät

Neben den obengenannten grundlegenden radiästhetischen Instrumenten bietet der Markt heutzutage auch andere Geräte ähnlichen Aufbaus. Es sind in der Regel Spielarten der bereits beschriebenen Instrumente.

Es gibt auch einige spezielle Instrumente, deren Anwendungsgebiete sehr begrenzt sind. Neuerdings steht der Entwurf eines elektronischen Instruments auf dem Plan, dessen Aufgabe darin bestehen soll, spontane Muskelreaktionen des Radiästhesisten zu messen. Der Ausschlag des Zeigers eines solchen elektronischen Instrumentes würde hierbei die Bewegung der Wünschelrute ersetzen, der menschliche Organismus jedoch hauptsächlicher Detektor bleiben. Auf dem Gebiet der Detektion geopathogener Strahlungen wird sehr intensiv an der Konstruktion eines physikalischen Apparats gearbeitet, dessen Aufgabe es wäre, den Menschen vollständig

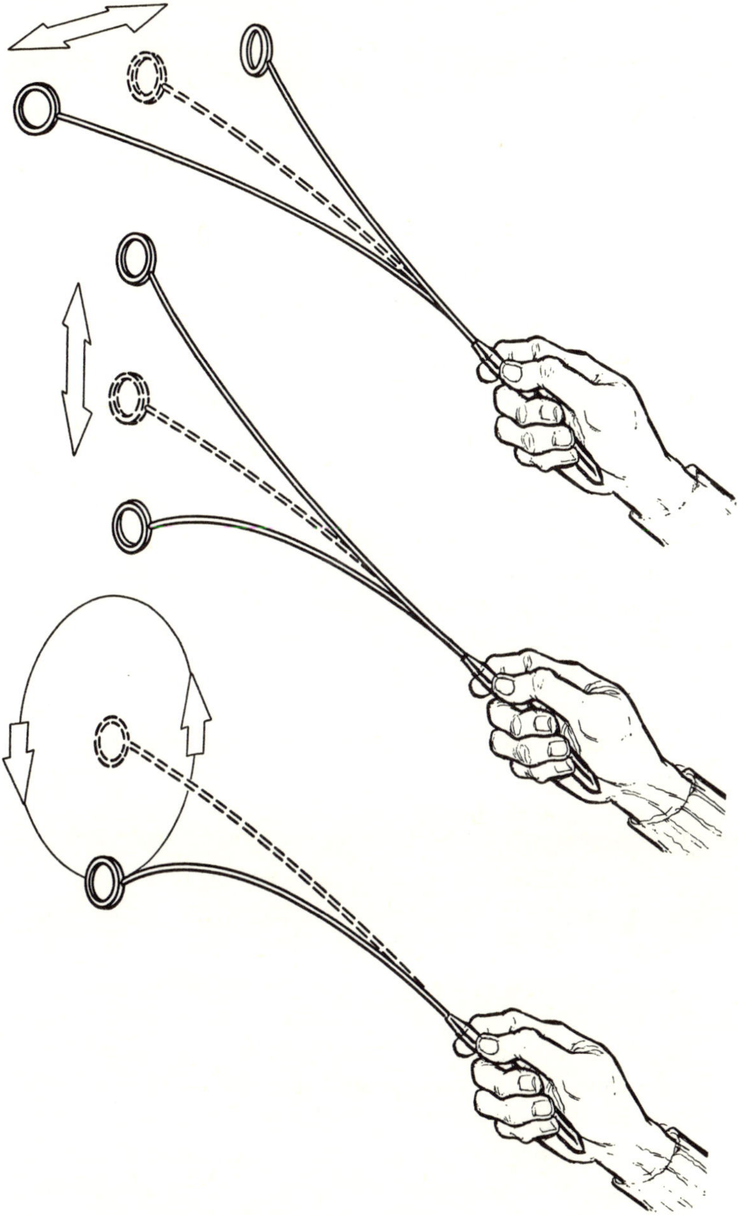

Abb. 14: Bewegungsformen des Biotensors

zu ersetzen. Bis heute ist aber immer noch keine zufriedenstellende Lösung gefunden worden. Der lebende Organismus ist wohl ein durch kein technisches Gerät an Sensibilität übertroffener Indikator, der durch Instrumente eben nur verstärkt, aber – nach allem, was wir wissen – nicht ersetzt werden kann.

Herstellung und Bezugsquellen

Die Ausbreitung und Weiterentwicklung der Radiästhesie war immer auch von Bemühungen begleitet gewesen, die Qualität der Instrumente zu verbessern. Sind sie in der Regel sein einziges, in allen Fällen zumindest wichtigstes Werkzeug, wird der Radiästhesist an Fragen der Bauart, ihrer Herstellung und des Erwerbs besonderes Interesse haben und alle Neuerungen aufmerksam verfolgen. In Europa so wie in Amerika sind Läden, in denen radiästhetische Instrumente und die einschlägige Sachliteratur vertrieben werden, immer noch selten. Eines der bekanntesten Geschäfte dieser Art ist wohl das Pariser Verkaufszentrum »Maison de la radiesthésie«. Radiästhetische Instrumente findet man in der Regel in Buchhandlungen für esoterische Literatur oder Läden für medizinische Instrumente.

Da es in Kroatien nahezu unmöglich ist, radiästhetische Instrumente käuflich zu erwerben, decken die dort praktizierenden Radiästhesisten ihren Bedarf an neuen Geräten in westeuropäischen Ländern, oder sie stellen eigene Geräte her. Wenn man eine eigene radiästhetische Praxis hat, wird man ständig auf dem laufenden bleiben müssen, verschiedene Geschäfte aufsuchen, die radiästhetische Instrumente vertreiben, diverse Prospekte und Kataloge sammeln und radiästhetische Literatur analysieren, um dadurch die Arbeit zu befördern und Anregungen für eigene technische Lösungen zu bekommen. Neben der Funktionalität sollte immer auch die sicher vor allem im Auge des Betrachters liegende Schönheit des Geräts, die Ästethik in diesem Sinne eine Rolle spielen. Dies betrifft nicht nur die äußere Gestalt, sondern auch die

Weise, wie das Gerät in der Hand liegt, gewissermaßen die Schönheit seines Gebrauchs.

Bevor man sich allerdings für ein Gerät entscheidet, wird man viele Modelle und Typen radiästhetischer Instrumente auf ihre Anwendung zu testen haben. In diesem Buch wird eine ausführlich illustrierte Kollektion von zwanzig Pendeltypen vorgestellt, die in fünf Gruppen geordnet sind. Jede dieser Gruppen weist spezifische Merkmale auf. Außer diesen Pendeln umfaßt die Kollektion auch einige Typen kompatibler Wünschelruten, Biotensoren und L-Antennen. (Alle diese Instrumente können über den Verlag Hermann Bauer bezogen werden.)

Methoden radiästhetischer Forschung

Eine Forschung, an deren Erfolg man glaubt oder die zumindest vorurteilsfrei durchgeführt wird, bringt erfahrungsgemäß gute Ergebnisse hervor.

Die erfolgreiche Durchführung einer radiästhetischen sowie jeder anderen Forschung erfordert die ständige Vervollkommnung und Überprüfung ihrer Methoden. Der Sinn dieser Methoden besteht in der Feststellung von Regelmäßigkeiten bei der radiästhetischen Wahrnehmung zum Zwecke einer Gewährleistung größtmöglicher Zuverlässigkeit der hervorgehenden Forschungsergebnisse.

Mittels radiästhetischer Methoden sollten ebenfalls die Phasen der Durchführung geleitet, die Wahl des am besten geeigneten Instruments getroffen und die adäquate Konvention definiert werden. Auf verschiedenen Anwendungsgebieten, beispielsweise bei der radiästhetischen Diagnostik oder bei der Detektion eines unterirdischen Wasserlaufs, kommt keineswegs die gleiche Methode zur Anwendung. Die Grundsätze der Forschungsmethoden sollten allgemeingültig sein, dem Einzelfall jedoch auch genügend Spielraum lassen, damit jeder Radiästhesist persönliche Varianten entwickeln kann, die seinen Fähigkeiten und Neigungen entsprechen.

Der radiästhetische Zyklus

In dem Kapitel »Drei Phasen radiästhetischer Forschung« (Seite 43) wurde die Wahrnehmung radiästhetischer Information im Hinblick auf ihre bewußte Verarbeitung durch den Radiästhesisten in drei Phasen eingeteilt. Strenggenommen ergeben sich eigentlich vier Phasen, die zusammen den radiästhetischen Zyklus bilden. Sie umfassen folgende vier Phasen, die im Verlauf einer Forschung durchgeführt werden sollten:

Orientierung
Konvention
Informationssuche
Kommentar

Keine dieser Phasen darf ausgelassen werden. Es ist auch notwendig, die vorgeschriebene Reihenfolge der Schritte genauestens einzuhalten. Solange der Radiästhesist nicht die notwendige Routine hat, muß er sich die einzelnen Phasen schulmäßig einprägen. Später wird sich der Ablauf ganz von selbst einstellen.

Orientierung

Diese Phase kann man auch als Orientierungsphase bezeichnen. Der Radiästhesist stellt sich dabei auf das zu erforschende Gebiet und dann auf den eigentlichen Forschungsgegenstand ein. Durch diese Aktivität bereitet er sich auf das Empfangen einer bestimmten Information vor. Vergleicht man den radiästhetischen Zyklus mit der Herstellung einer telefonischen Verbindung, so entspricht die Orientierung oder globale mentale Einstellung dem Wählen der Vorwahl beziehungsweise der eigentlichen Rufnummer des Anschlusses eines Gesprächspartners. Das Wählen der Vorwahl stellt die Auswahl eines Bezirks dar, einer Stadt beispielsweise, in der sich der Gesprächspartner wahrscheinlich befindet. Das Wählen seiner Rufnummer ist noch nicht das Zustandekommen der Verbindung selbst, aber doch eine notwendige Voraussetzung dazu.

Ein denkbarer radiästhetischer Orientierungsversuch würde so aussehen: Das Forschungsgebiet ist die Pflanzenkunde, der Forschungsgegenstand das Schellkraut. Zum radiästhetischen Werkzeug wird das Pendel gewählt. Als Vorlage dient getrocknetes Schellkraut.

Konvention

Wie bereits erwähnt, wird unter der Konvention die Kennzeichnung einzelner Bewegungsarten des radiästhetischen Instrumentes verstanden. Aus ihr lassen sich Symbole ableiten, mittels derer der Radiästhesist verstehen kann, was sein Instrument durch jeweilige Bewegungen eigentlich anzeigt. Die Konvention kann als konstant angenommen oder für jede Untersuchung neu bestimmt werden. Für Anfänger empfiehlt es sich, die einmal hergestellte Konvention nicht zu ändern, weil sich eine jeweilige Neuorientierung auf den Forschungsverlauf negativ auswirken könnte. Jeder Radiästhesist kann seine eigene Konvention entwickeln, er ist also nicht strikt an eine bestimmte gebunden, obgleich es auch allgemein angenommene Konventionen gibt. Die folgende Konvention von Affirmation und Negation, die Ja-/Nein-Konvention, ist sehr verbreitet und wird gewöhnlich bei der Anwendung des Pendels oder des Biotensors verwendet:

Affirmation (»Ja!«):
- Die Bewegung des Pendelkopfes im Uhrzeigersinn,
- Bewegung des Ringes am Biotensor im Uhrzeigersinn,
- geradlinig-senkrechte Bewegung des Pendelkopfes,
- geradlinig-senkrechte Bewegung des Ringes am Biotensor.

Negation (»Nein!«):
- Bewegung des Pendelkopfes gegen den Uhrzeigersinn,
- Bewegung des Ringes am Biotensor gegen den Uhrzeigersinn,
- geradlinig-waagerechte Bewegung des Pendelkopfes,
- geradlinig-waagerechte Bewegung des Ringes am Biotensor.

Manche Autoren empfehlen, die geradlinig-senkrechte Bewegung des Pendelkopfes als »Ich weiß keine Antwort!« und die geradlinig-waagerechte Bewegung als »unklar gestellte Frage« zu deuten.

Kombinationen des geradlinigen und kreisförmigen Pendelns, das verschiedene Richtungen beschreibt, etwa die Form einer Rosette, ermöglichen die Definition einer interessanten Konvention: Jede der innerhalb der Rosette beschriebenen Richtungen – es seien beispielsweise fünf Richtungen ausgewählt – kann eine bestimmte quantitative oder qualitative (A, B, C, D und E) Bezeichnung tragen. Im Endergebnis wird eine der möglichen Richtungen in der Rosette besonders hervortreten; hierdurch »bestimmt« das Pendel die gesuchte Qualität oder Quantität. In diesem Fall wird die Konvention aus einer bestimmten Anzahl in ihren Bedeutungen bestimmter Richtungen in der Rosette bestehen. Weil jeder Richtung direkt ein bestimmtes Untersuchungsergebnis zugeordnet ist, wird der Forschungsvorgang wesentlich verkürzt.

Bei der Anwendung des Biotensors für die Affinitätsbestimmung zwischen zwei Objekten wird folgende Konvention angewandt: Der zwischen zwei waagerecht liegenden Objekten befindliche Ring des Biotensors wird durch seine geradlinig-waagerechte Bewegung die bestehende Affinität zwischen den geprüften Objekten »zeigen«. Durch diese Bewegung, so scheint es, stellt der Biotensor alle Erscheinungsformen der Affinität zwischen zwei Objekten symbolhaft dar. Das geradlinig-senkrechte Bewegen des Ringes wird die zwischen diesen zwei Objekten bestehende gegenseitige Ablehnung zum Ausdruck bringen.

Die Konvention für den Gebrauch von Wünschelruten oder L-Antennen ist sehr einfach. Üblich ist zum Beispiel die Konvention, daß die Wünschelrute das Vorhandensein der Schwerpunktzone eines unterirdischen Wasserlaufes durch eine Bewegung von 90 Grad von der Ausgangslage in Richtung des Bodens bezeichnet, während das Vorhandensein eines Seitensignals durch die Bewegung von 90 Grad in entgegengesetzter Richtung angezeigt wird. Wenn man für dieselbe Untersuchung eine L-Antenne verwendet, wird sie die Schwerpunktzone durch eine Überkreuzung der Antennen, ein Seitensignal durch Spreizung anzeigen. Diese Konventionen sind nur Beispiele; jeder Radiästhesist wird eine Konvention finden, die der Eigenart seiner Forschung am besten entspricht.

Für alle Konventionen ist es wichtig, daß sie klar und eindeutig sind. Abbildung 15 zeigt eine allgemeine Übersicht der Konventionen bei Pendel und Biotensor.

Informationssuche

Bei der Informationssuche oder Formulierung der Frage stellt sich der Radiästhesist mental auf den Forschungsgegenstand ein. Im Sinne des bei der Beschreibung der Konzentrationsphase gewählten Beispiels könnte die konkrete Frage lauten: »Ist dieses Schellkraut ausreichend getrocknet, daß es gelagert werden kann?« Durch die mentale Konzentration wird die oben besprochene biologische Schranke ausschließlich auf den Durchlaß der bereits angeforderten Information eingestellt.

Folgendes ist noch zu beachten:

- Die gestellte Frage muß innerhalb der globalen Orientierung bleiben,
- in der Formulierung eindeutig sein,
- mit der vorher bestimmten Konvention in Einklang stehen.

Unvollständige und unklar formulierte Fragen können keine eindeutige Vorstellung hervorrufen, so daß die mentale Einstellung in diesem Fall unvollkommen bleibt. Kurz und prägnant formulierte Fragen sind effizienter als solche, die mit einer Vielzahl unnötiger Wörter belastet werden. Am wichtigsten ist es, einen Einklang zwischen der gestellten Frage und der ausgewählten Konvention herzustellen. Wenn beispielsweise die gewählte Konvention auf dem Ja-oder-nein-Prinzip beruht, muß auch die Frage so gestellt werden, daß auf sie nur

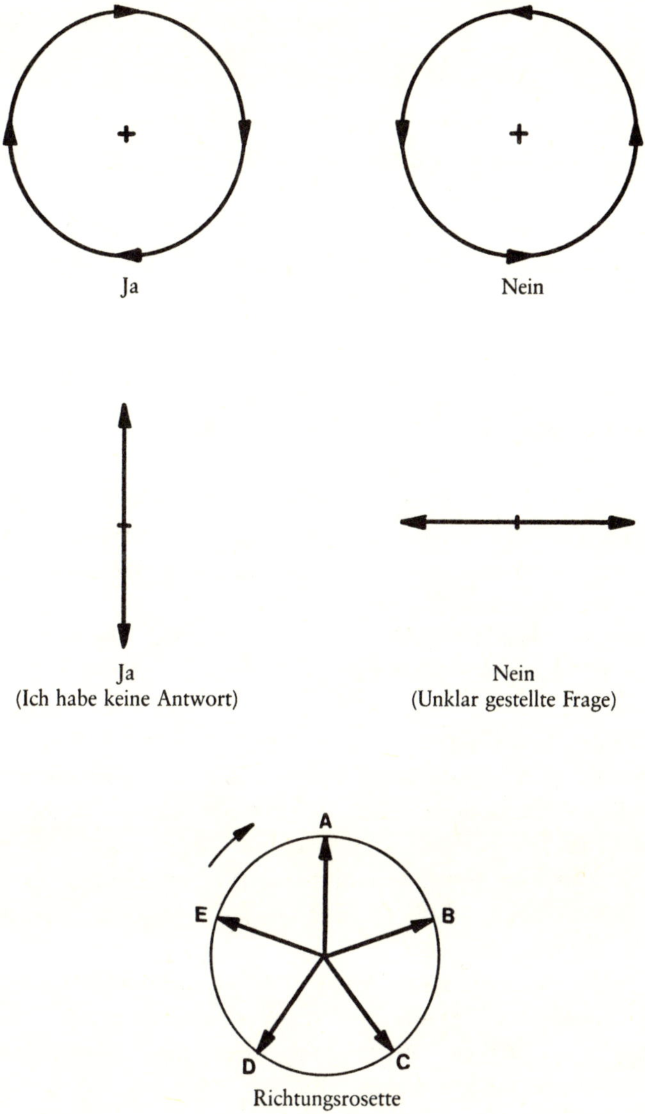

Abb. 15: Allgemeine Konvention des Pendels und des Tensors

eine bejahende oder verneinende Antwort gegeben werden kann.

Wenn zum Beispiel die Wirkung des Heilmittels »A« auf die Person »X« radiästhetisch festgestellt werden soll, würde eine adäquate Formulierung der dafür benötigten Frage etwa so lauten: »Ist das Präparat A für die Person X heilsam?« Eine inadäquat formulierte Frage würde lauten: »In welchem Maß ist das Präparat A für die Person X heilsam?« Allein die erste Frage kann mit »ja« oder »nein« beantwortet werden.

Kommentar

Der Kommentar ist die abschließende Phase des radiästhetischen Zyklus, in der die von radiästhetischen Instrumenten beschriebenen Symbole »gelesen« oder gedeutet werden. Diese Symbole stellen die eigentliche Antwort auf die gesuchte Information dar. Auf Grund des Symbols zieht der Radiästhesist eine Art Bilanz der durchgeführten Untersuchung. In dieser Phase des radiästhetischen Zyklus wird sehr häufig der Fehler gemacht, daß man nicht geduldig genug abwartet, bis das angewandte Instrument das Symbol zur Gänze beschreibt. Nicht selten kommt es vor, daß das radiästhetische Instrument ein bestimmtes Symbol langsam zu beschreiben beginnt und dann plötzlich stehenbleibt, um gleich danach ein neues Symbol – diesmal viel klarer als das erste – zu beschreiben. Eine voreilige Schlußfolgerung aus der bloßen Andeutung eines Symbols würde zu gänzlich falschen Ergebnissen führen.

Auf die Frage muß nicht sofort eine Bewegung des radiästhetischen Instrumentes erfolgen; eine einsetzende Pause kann auch die Folge ungenügender Konzentration oder einer falsch gestellten Frage sein. Man soll sogar eine Zeitlang geduldig warten, und wenn das Instrument dann nicht irgendein Symbol beschreibt, soll die Fehlerquelle durch eingehende Analyse jeder Phase des radiästhetischen Zyklus gesucht werden. Für Anfänger und auch erfahrene Radiästhesisten empfiehlt es sich deshalb, im Fall einer komplexeren radiästhetischen Forschung grundlegende Komponenten der Forschung in ein geeignetes Formular einzutragen, damit der Vorgang an sich erleichtert und die Zuverlässigkeit der gewonnenen Ergebnisse gesteigert werden kann. Abbildung 16 zeigt solch ein ausgefülltes Formular, das für die Feststellung der Affinität einer Person einem bestimmten Heilmittel gegenüber angewandt wurde.

Das Verfahren des Radiästhesisten, das heißt der radiästhetische Zyklus einschließlich aller erwähnten Phasen, kann mit der Arbeitsweise eines Computers verglichen werden. Im Sinne eines solchen Vergleichs stellte der Radiästhesist mit seinen psychophysischen Eigenschaften die Zentraleinheit des Computers dar, dessen Terminal das radiästhetische Instrument wäre. In der Sprache der Computerwissenschaft würde man dies als »Hardware« bezeichnen. Der Radiästhesist mit seinen Kenntnissen und Möglichkeiten, sich selber radiästhetisch zu programmieren, könnte gleichfalls als »Software« eines solchen Computers gelten. Dieser biologische Computer würde dann eine Computereinheit darstellen, die über Biokommunikationskanäle mit dem zentralen Computer des universellen Informationsfeldes verbunden wäre. Bei regelrechter Arbeitsweise des eigenen biologischen Computers und unter softwaregemäßer Ausnutzung seiner Kapazitäten könnte der Radiästhesist aus dem Zentralcomputer, das heißt aus seiner universellen Speicheranlage, alle ihn interessierenden Informationen abrufen. Anhand der einprogrammierten radiästhetischen Orientierungen und Konventionen könnte der Radiästhesist durch das Einlesen der Eingangsangaben den Computer mit der Informationssuche oder Fragestellung beauftragen, während er ihn selbst durch den Informationserhalt in Form der Bewegung seines radiästhetischen Instruments als Terminal abschließt.

Radiästhetische Forschung Nr. 28

1. *Orientierung*

Forschungsgebiet:	Phytotherapie
Gegenstand der Forschung:	Wirksamkeit des Pflanzenpräparates »Biosan«
Psychometrischer Gegenstand:	Foto der Person N. L.
Radiästhetisches Gerät:	Pendel
Vorlage:	Diagramm in Form der Richtungsrosette

2. *Konvention* Auf dem Diagramm sind folgende Wirksamkeitsstufen bezeichnet: keine, gute, mittlere, sehr gute und ausgezeichnete Wirksamkeit. Durch Bewegung auf der Richtungsrosette möchte das Pendel die gesuchte Wirksamkeitsstufe bezeichnen.

3. *Informationssuche* »Welchen Wirksamkeitsgrad weist das Präparat ›Biosan‹ bezüglich der migräneartigen Beschwerden der Person N. L. auf, deren Foto ich in der Hand halte?«

4. *Kommentar* Das Pendel bezeichnete auf dem Diagramm die Richtung mit der Bezeichnung »sehr gut«, was auf die Wahrscheinlichkeit hindeutet, daß das Präparat »Biosan« eine sehr gute Wirkung auf migräneartige Beschwerden bei der Person N. L. hat.

5. *Voraussetzungen, unter denen die Forschung vollzogen wurde*

   Die Voraussetzungen waren optimal.

Durchführung der Forschung:	Boris Farkaš
Ort:	Zagreb
Datum:	18. Juni 1984
Zeit:	14.30 Uhr

Abb. 16: Muster eines Formulars zur radiästhetischen Forschung

Voraussetzungen zur Durchführung radiästhetischer Untersuchungen

Die Voraussetzungen zur Durchführung radiästhetischer Untersuchungen können grundsätzlich in zwei Gruppen eingeteilt werden:

- psychophysische oder endogene,
- umweltbezogene oder exogene Voraussetzungen.

Mit psychophysischen Voraussetzungen ist der leiblich-seelische Zustand des Radiästhesisten gemeint. Neben einer bestimmten radiästhetischen Sensibilität sind hier auch Selbstvertrauen und emotionale Ausgeglichenheit als wichtige Zustandsvariablen zu nennen. Zudem sind eine gute Wahrnehmungsfähigkeit und die Fähigkeit zur Bildung prägnanter geistiger Vorstellungen von Bedeutung. Motivation und zielbewußtes Verhalten der praktizierenden Person können ebenfalls äußerst förderliche endogene Bedingungen sein, schwere körperliche Erkrankungen und ernsthaftere neurotische Störungen, aber auch eine Neigung zum Alkohol oder eine Abhängigkeit von starken Beruhigungsmitteln oder halluzinogenen Drogen ordentliche radiästhetische Arbeit unmöglich machen.

Exogen ist der Einfluß, den die Umgebung auf den Radiästhesisten während der Durchführung einer Forschung ausübt. Manche dieser Bedingungen wirken sich auf den Radiästhesisten stimulierend aus, andere wiederum erweisen sich eher als Störfaktoren. Angenehme Atmosphäre, innere und äußere Ruhe und gute Beleuchtung fördern die Konzentration. Zu niedrige oder zu hohe Temperatur, Lärm oder die Anwesenheit Schaulustiger können dagegen den Verlauf einer radiästhetischen Forschung ziemlich stark stören. Die Zeit vor und während eines Gewitters eignet sich nach übereinstimmenden Aussagen einiger Autoren für die Durchführung solcher Forschungen nicht.

Der biologische Rhythmus des Radiästhesisten ist ein überaus wichtiger endogener Faktor, der leider zu wenig bekannt ist, so daß er allzu oft außer acht gelassen wird. Jedoch darf der biologische Rhythmus nicht mit dem berüchtigten »Bio-Rhythmus« gleichgesetzt werden. Der biologische Rhythmus stellt die Gesetzmäßigkeit der Veränderung biochemischer, physiologischer und psychischer Ereignisse und Funktionen in einer bestimmten Zeitspanne dar. Er unterliegt der für jede Person individuell geltenden Gesetzmäßigkeit von Veränderungen ihrer Leistungsfähigkeit. Beispielsweise werden die Menschen ihrem biologischen Rhythmus entsprechend als Morgen- oder Abendtypen erkannt oder genauer der Zeitpunkt bestimmt, zu dem sie in körperlicher oder geistiger Hinsicht die größte Leistungsfähigkeit haben. Eine Berücksichtigung solcher Rhythmen in seiner Terminplanung wird die Arbeit des Radiästhesisten sicherlich fördern.

Die meisten namhaften Autoren, die sich mit der Radiästhesie befassen, heben vielfach hervor, daß es angesichts einer radiästhetischen Forschung notwendig sei, einen spezifischen Zustand geistiger Konzentration zu erlangen, der auch mit einschließt, daß die radiästhetisch tätige Person zum Zeitpunkt ihrer Tätigkeit von jeglichem Einfluß der Umwelt befreit ist. Dieser als »Bewußtseinsleere« bezeichnete Zustand ist notwendig für das Zustandekommen jedweder Formen paranormaler Wahrnehmung. Er ist nur durch eine Befreiung von geistigen und körperlichen Spannungen zu erreichen. Folgende Faktoren beeinträchtigen die Arbeit:

Psychische oder physische Müdigkeit

Sehr oft unterschätzen Radiästhesisten diesen Faktor, wenn sie ihre Forschungsarbeit um jeden Preis vorantreiben. Es gibt aber eine gewisse radiästhetische Ermüdung, die nach länger dauernder radiästhetischer Aktivität auftritt.

Angst vor dem falschen Ergebnis

Angst macht sich meistens dann bemerkbar, wenn der Radiästhesist in seiner Tätigkeit wenig Erfahrung hat, und kommt besonders oft zum Vorschein, wenn die Forschung in Anwesenheit eines Auditoriums vor sich geht, das Ergebnisse erwartet, die die Fähigkeit des Radiästhesisten beweisen sollen.

Mangelnde Kenntnisse bezüglich des zu erforschenden Gebietes

Wenn der Radiästhesist im Rahmen eines ihm ungenügend vertrauten Gebietes forscht, kann es zu falscher Orientierung und einer von vorneherein inadäquaten Fragestellung kommen. Daher ist es wünschenswert, daß der Radiästhesist seine Forschungsversuche auf einem ihm besonders vertrauten Tätigkeitsgebiet durchführt. Falls es aus irgendwelchen Gründen trotzdem notwendig sein sollte, daß er ein wenig vertrautes Terrain betritt, sollte er mit einem für dieses Gebiet zuständigen Fachmann eng zusammenarbeiten. Wenn zum Beispiel der Radiästhesist kein Arzt ist und sich mit der radiästhetischen Diagnostik auseinandersetzen will, ist es notwendig, daß ihm bei der Orientierung und Fragestellung wie auch später beim Kommentar ein erfahrener Arzt zur Seite steht.

Ungenügende Kenntnis der Methoden

Radiästhesisten, die die Technik der radiästhetischen Forschung nicht genügend kennen, werden in jeder Phase des radiästhetischen Zyklus leichthin Fehler machen. Für eine fachkundige Durchführung der radiästhetischen Forschung ist es daher notwendig, die bereits erläuterten Techniken und Methoden dieser Arbeit zu beherrschen.

Suggestion

Durch eine oder mehrere Personen, die den Radiästhesisten bei seiner Arbeit stören, können unterschiedliche Suggestionen veranlaßt werden. Auch eine bestimmte Situation kann sich als suggestiv erweisen. Feuchte oder beschädigte Außenwände eines Hauses können einem nach unterirdischen Wasserläufen suchenden Radiästhesisten suggerieren, die Wünschelrute signalisiere ihm gerade diesen Standort als richtigen, wenngleich die Außenwände bloß eines Wasserrohrbruchs wegen feucht geworden waren.

Ergebnisse einer radiästhetischen Untersuchung können auch durch Autosuggestionen beeinflußt werden, und zwar meistens infolge von Schlußfolgerungen, die aus dem Wunsch entstehen, ein im voraus als bestimmt gedachtes Ergebnis zu erreichen.

Präsentierung radiästhetischer Fähigkeiten

Durch die Präsentierung ihrer Fähigkeiten machen manche Radiästhesisten aus ihrer Arbeit eine eigenartige »Show«, bei der sich dann sehr häufig Fehler einschleichen. Dies ist auch verständlich, wenn man berücksichtigt, welche Motivation dazu geführt haben mag, diese Zurschaustellung in aller Konsequenz vorzubereiten.

Aus den in diesem Abschnitt geäußerten Bedenken läßt sich zusammenfassend feststellen, daß eine zuverlässige Forschungsarbeit nur dann möglich ist, wenn Methoden und Techniken als auch alle anderen eine solche Forschung und deren Ergebnisse in irgendeiner Form beeinflussenden Faktoren so gut wie möglich bekannt sind. Die Minderung oder Eliminierung negativer Faktoren, eine vorsichtige Zurkenntnisnahme der gewonnenen Ergebnisse und eine Berücksichtigung der Möglichkeit, sie mittels anderer radiästhetischer Methoden zu überprüfen, werden sich auf die Zuverlässigkeit des endgültigen Ergebnisses durchaus positiv auswirken. Reichhaltige Erfahrung, gute praktische Geschicklichkeit im Umgang mit dem Gerät und Gewissenhaftigkeit spielen im Rahmen einer solchen Forschungstätigkeit eine gewichtige Rolle.

Hilfsmittel in der radiästhetischen Forschung

In der radiästhetischen Forschungspraxis werden verschiedene Hilfsmittel benutzt, mittels derer manche Forschungen vereinfacht oder verkürzt werden. Manche Forschungen können ohne Anwendung von Hilfsmitteln erst gar nicht durchgeführt werden. Alle in Frage kommenden Hilfsmittel kann man in drei grundlegende Gruppen einteilen:

1. Vorlagen (Muster),
2. psychometrische Gegenstände,
3. Hilfsmittel, die die mentale Einstellung fördern.

In der radiästhetischen Forschung werden als Vorlagen oft unterschiedliche Diagramme und Schemata, Landkarten, Stadtpläne, Grundrisse von Wohnbausiedlungen, anatomische Atlanten und ähnliches benutzt. Diagramme in verschiedenartiger Ausarbeitung sind die am häufigsten angewandten Hilfsmittel. Ihre Grundcharakteristik besteht darin, daß sie eine Vielzahl möglicher Antworten oder Lösungen enthalten. Hauptsächlich werden sie in Form der bereits erwähnten Rosette der Richtungen ausgearbeitet, wobei jeder Richtung eine genaue Bezeichnung angefügt ist. Abbildung 17 zeigt zwei Diagramme, von denen sich eines mit der Auswahl der geeigneten alternativen Therapie befaßt, während das andere Diagramm zur Feststellung der Wirksamkeit eines zusätzlich eingenommenen Arzneimittels gebraucht wird.

Landkarten, Stadtpläne, Grundrisse von Gebäuden, Skizzen von Grundstücken und ähnliches stellen Vorlagen dar, die für die Standortbestimmung von Trinkwasserquellen und Fundgruben verschiedener Erze, zur Detektion geopathogener Strahlungen oder bei der Suche nach verschollenen Personen zur Anwendung kommen. Vorlagen solcher Art werden aufgegriffen, wenn die jeweilige Forschung am eigentlichen Tatort beispielsweise zu großer Entfernung, Unzugänglichkeit wegen oder aus Dringlichkeitsgründen nicht durchgeführt werden kann.

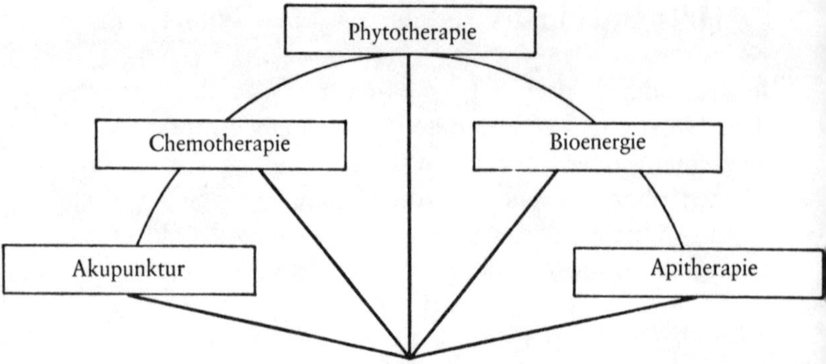

Abb. 17a: Diagramm zur Wahl der wirksamsten Alternativtherapie

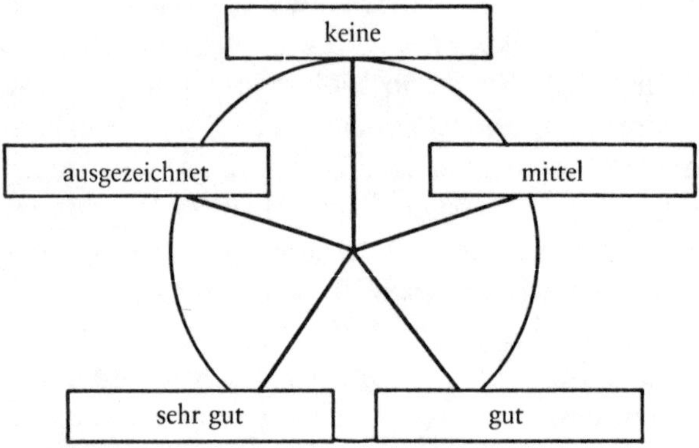

Abb. 17b: Diagramm zur Bestimmung des Wirksamkeitsgrades beim zusätzlichen Heilmittel

Anatomische Atlanten werden als Vorlagen bei der radiästhetischen Diagnostik benutzt; dies erleichtert die Arbeit und ermöglicht die präzise räumliche Fixierung einer körperlichen Beschwerde, was sich manchmal im Vergleich zur Durchführung einer Diagnose bei anwesenden Patienten als weitaus leichter erweist. Anatomische Atlanten sind als Vorlagen zu empfehlen, und zwar ungeachtet dessen, ob in Anwesenheit des Patienten diagnostiziert wird oder nicht.

In diesem Zusammenhang ist der aus der Parapsychologie bekannte Terminus der »Psychometrie« von Bedeutung. Er bezeichnet eine spezifische Form des Hellsehens, durch die eine sensible Person im Kontakt mit einem Gegenstand wie dem anatomischen Atlas paranormale Wahrnehmungen hat. Ein solcher Gegenstand wird psychometrischer Gegenstand genannt. In der radiästhetischen Forschung ist die Anwendung von psychometrischen Gegenständen sehr verbreitet, wenn das Forschungsobjekt und die forschende Person voneinander räumlich entfernt sind. Dem psychometrischen Gegenstand kommt im Rahmen einer Forschung eine stellvertretende Rolle zu. Eine verlorengegangene Person, die mittels der radiästhetischen Methoden in einem bestimmten Umkreis aufgespürt werden soll, kann entweder durch ein Foto oder durch ihre Handschrift repräsentiert sein. Die Annahme, der psychometrische Gegenstand enthalte stellvertretend alle Angaben über den Forschungsgegenstand, scheint weniger logisch zu sein als etwa die Annahme, daß er eigentlich nur eine Art Losungswort darstellt, durch das der Radiästhesist aus dem universellen Informationsfeld die gesuchte Information über das Forschungsobjekt »abruft«. Falls das Forschungsobjekt eine Person ist, so kann an die Stelle eines Fotos oder der Handschrift auch eine andere Person treten, die imstande ist, sie bildhaft vor Augen zu führen, oder Gegenstände, mit denen die gesuchte Person in enger Berührung war, wie Kleidungsstücke oder Schmuck, verwendet werden. Wird nach einem konkreten Gegenstand gesucht, so genügt es, wenn ein Foto von ihm vorliegt. Geht es beispielsweise um ein Präparat, kann man sich zu diesem Zweck seiner Verpakkung bedienen.

Eine besondere Gruppe stellen Hilfsmittel dar, die die bildhafte Vorstellung verbessern oder den Zugang zur mentalen Einstellung erleichtern. Solche Hilfsmittel sind besonders für Anfänger wichtig, können aber auch erfahrenen Radiästhesisten hilfreich sein. Bei der radiästhetischen Detektion von Wasserquellen oder Fundgruben verschiedener Erze werden kleine, mit Wasser oder Staub dieser Erze gefüllte Ampullen

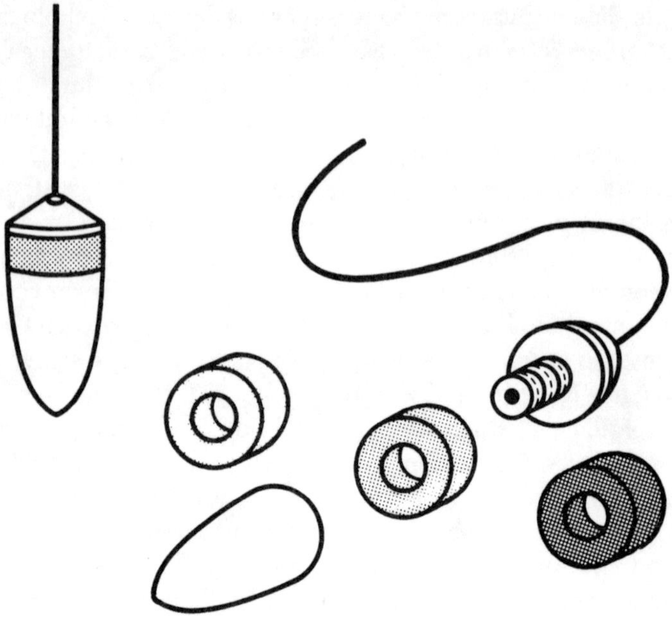

Abb. 18: Kompatibles Pendel
(Pendel nach Farkaš: siehe Hinweise ab Seite 202)

benutzt. Eine solche Ampulle hält der Radiästhesist in der Hand. Es gibt auch Wünschelruten in Ausführungen, die eine Befestigung der Ampulle ermöglichen. Auch in manche Pendel können solche Ampullen eingesetzt werden.

Einige Pendeltypen lassen sich sogar in ihrer Grundform leicht verändern, wodurch es wesentlich leichter wird, sich geistig zu konzentrieren. An andere Pendel wiederum lassen sich die für die jeweilige Art radiästhetischer Forschung charakteristischen Ringe anfügen. So wird beispielsweise ein Holzring bei der radiästhetischen Diagnostik, ein Metallring bei der Affinitätsbestimmung, ein Knochenring für teleradiästhetische Forschungen angewandt. Dieser charakteristische Ring wird in einem solchen Fall zur besseren Orientierung des Radiästhesisten hinsichtlich einer bestimmten Forschungsart beitragen. Ein kompatibles Pendel zeigt Abbildung 18.

Neben den angegebenen Hilfsmitteln wird in der radiästhetischen Forschung noch ein Hilfsmittel verwendet, das im Radiästhesistenjargon als »Antenne« bezeichnet wird. Der Radiästhesist gebraucht diese Antenne, um damit während seiner Forschungsarbeit den momentanen Standort der Forschung zu kennzeichnen. Beim Diagnostizieren beispielsweise benützt der Radiästhesist seine freie Hand wie eine Antenne oberhalb der geprüften Körperteile eines Patienten. Dabei wird durch die Hand der genaue Diagnostizierungsort gekennzeichnet. Wird für eine solche Forschung der anatomische Atlas herangezogen, so gebraucht der Radiästhesist als Antenne entweder einen Bleistift oder einen anderen spitzen Gegenstand. In der anderen Hand hält er das Pendel oder den Biotensor, die ihm durch charakteristische Symbole anzeigen, daß sich die »Antenne« oberhalb der erkrankten Körperteile befindet.

In gleicher Weise wird die Antenne auch bei Forschungen angewandt, für deren Durchführung Landkarten oder Stadtpläne herangezogen werden. In der Orientierungsphase und während der Festlegung einer bestimmten Konvention entscheidet sich der Radiästhesist auch, in welcher Weise er sich der Antenne als eines geeigneten Hilfsmittels bedienen wird.

Von der Eigenart der durchzuführenden Forschung selbst wird es letzten Endes abhängen, welche Hilfsmittel dabei zur Anwendung kommen. Häufig werden für eine einzige radiästhetische Forschung mehrere Hilfsmittel verwendet. Bei der teleradiästhetischen Diagnostik wird man zum Beispiel als Hilfsmittel einen anatomischen Atlas, einen psychometrischen Gegenstand sowie eine Antenne anwenden müssen.

Radiästhetische Ethik

Die radiästhetische Ethik besteht in einer Darstellung von Verhaltensnormen für alle, die sich mit Radiästhesie befassen. Die Normen beruhen auf Grundkategorien gesellschaftlicher Werte wie Anständigkeit, Wahrheit und Menschenfreundlichkeit. Es liegt im Sinne der hier in neun Punkten ausgelegten Prinzipien, daß Radiästhesie als ein Naturphänomen nur im Rahmen der Fähigkeit des Radiästhesisten und zum Zwecke einer Förderung allgemeinen Wohls in Anspruch genommen werden darf.

1. Radiästhesie soll als paranormale Disziplin verstanden werden, deren Möglichkeiten begrenzt und durch Faktoren bedingt sind, von denen wir bis heute nur wenige kennen. Einige dieser Faktoren sind beeinflußbar, andere nicht. Deshalb kann nicht jedes durch radiästhetische Forschung erhaltene Ergebnis als hundertprozentig zuverlässig betrachtet werden.

2. Jeder, der sich mit Radiästhesie befaßt, sollte in der Lage sein, seine radiästhetischen Fähigkeiten objektiv zu beurteilen. Der Radiästhesist sollte entscheiden können, ob er der ihm gestellten Aufgabe gewachsen ist. Es sollte nicht vorkommen, daß der Radiästhesist eine solche Beurteilung unterläßt und sich bedenkenlos radiästhetischen Vorhaben zuwendet, die er nicht gut genug durchführen kann.

3. Angeborene radiästhetische Empfindlichkeit an sich bedeutet noch nicht, daß die sie besitzende Person auch in der Lage ist, radiästhetische Forschungen durchzuführen.

Ohne Kenntnisse ihrer Grundprinzipien und Forschungsmethoden und ohne ausdauernde Übung wird auch eine sensible Person nicht einmal einfachste radiästhetische Forschungen zufriedenstellend durchführen können. Jeder Radiästhesist sollte durch ständiges Üben und die Aneignung neuer Techniken und Methoden seine Fähigkeiten erhalten und vervollkommnen. Durch solche Aktivitäten erhöht der Radiästhesist die Zuverlässigkeit seiner Ergebnisse.

4. Radiästhesie sollte ausschließlich dort angewendet werden, wo Forschungsmethoden normaler Wissenschaften nicht zum Ergebnis führen oder man aber annimmt, daß Radiästhesie dies sicher tut. Radiästhetische Methoden können als Hilfs- oder Zusatzmethoden verwendet werden. Vermeiden sollte man radiästhetische Forschungen, wenn man die gewünschten Informationen auch auf dem normalen Wege erhalten kann, es sei denn, sie werden zu Übungszwecken durchgeführt.

5. Ein Radiästhesist sollte beurteilen können, inwieweit sein Ermüden die Zuverlässigkeit der radiästhetischen Forschungsergebnisse beeinflußt. Er sollte auch abzuschätzen vermögen, unter welchen Umständen er einem Forschungsvorhaben zustimmen kann. Falls er glaubt, die Umstände für eine radiästhetische Aktivität seien ungünstig, sollte er das Forschungsvorhaben nicht um jeden Preis einleiten. Schlechte Ergebnisse können seinem und dem guten Ruf der Radiästhesie überhaupt schaden und zu Irrtümern mit je nach Forschungsart ernsthaften Folgen führen.

6. Der Radiästhesist sollte sich bewußt sein, daß bis heute große Teile der Öffentlichkeit über diese Form der Wahrnehmung nur sehr wenig wissen. Immer wieder geschieht es, daß eine Sensationsberichterstattung die Möglichkeiten der Radiästhesie absolut überschätzt, ihren Charakter

nicht versteht, sie vielleicht sogar der schwarzen Magie zurechnet. Oft werden solche Desinformationen von Leuten verbreitet, die sich mit Radiästhesie »befassen«. Pflicht eines jeden Radiästhesisten ist es, entsprechend seinen Möglichkeiten und Erkenntnissen unvoreingenommen zu informieren. Viele erreichen das in bester Weise durch ihre guten Arbeitsergebnisse. Andere aber versuchen mit nebulösen Erklärungen und quasiwissenschaftlichen Postulaten das Phänomen der Radiästhesie zu erklären, wobei sie sich selbst und die Öffentlichkeit irreführen und zudem Schwindlern einen begünstigten Platz einräumen.

7. Ein Radiästhesist sollte niemals seine Fähigkeiten bei Glücksspielen einsetzen, um so für sich oder dritte Vorteile zu erlangen. Es kommt vor, daß Radiästhesisten so Existenzprobleme zu klären versuchen, doch fast immer erfolglos. Es kommt auch vor, daß derjenige, der anfängt, für seine radiästhetischen Leistungen hohe Honorare zu verlangen, seine radiästhetischen Fähigkeiten zu verlieren beginnt, was an seinen Arbeitsergebnissen sichtbar wird. Ähnliches geschieht auf allen Gebieten paranormaler Aktivität, am deutlichsten auf dem medialer Heilpraktik.

8. Ein Radiästhesist darf den radiästhetischen Vorgang niemals in ein Schaustück umwandeln und mit seiner Fähigkeit wie ein Schwarzkünstler die Gesellschaft amüsieren. Leider kommt dies oft genug vor. Spricht sich in irgendeiner Gesellschaft herum, daß einer der Anwesenden Radiästhesist ist, wird man ihn sofort bitten, »spaßeshalber« der Gesellschaft seine übernatürlichen Fähigkeiten zu zeigen und zu beweisen. Gewöhnlich verlangt man vom Radiästhesisten, einen versteckten Gegenstand zu finden oder für Anwesende Diagnosen zu stellen. Da meistens bei solchen Anlässen nicht einmal die elementarsten Bedingungen für das radiästhetische Vorhaben erfüllt sind und der Radiästhesist – ermuntert durch einige Gläschen –

sich und die Radiästhesie ins rechte Licht rücken möchte, werden sich Fehler kaum vermeiden lassen.

9. Ein Radiästhesist soll bei allen, besonders bei den auf die Weiterentwicklung seiner Fähigkeiten ausgerichteten Aktivitäten auch seinem psychophysischen Zustand Rechnung tragen, weil dieser eine der ausschlaggebenden Bedingungen für erfolgreiche radiästhetische Forschungen ist. Der Radiästhesist wird einen zufriedenstellenden psychophysischen Zustand durch eine gezielte Lebensweise erreichen, wie etwa durch ausgewogene Naturkost, körperliche Aktivität, Kontakt mit Naturelementen, durch das Meiden von Alkohol, Tabak und anderen abhängigkeitsverursachenden Stoffen sowie durch regelmäßiges Praktizieren diverser Lockerungs- und Entspannungsübungen.

Anwendungsgebiete der Radiästhesie

Die Naturheilkunde: Alternativmedizin

Alternative Medizin ruft heutzutage Interesse bei Millionen von Menschen hervor, die einsehen, daß die konventionelle Medizin nicht in der Lage ist, alle Probleme zu lösen. Außerdem wird die konventionelle Medizin immer teurer, so daß auch hochentwikkelte Länder Probleme mit deren Finanzierung haben. Wissenschaftler und Mediziner verfolgen mit Argwohn alternative Heilpraktiken, derer sich viele andere wiederum bedienen, und dies nicht nur dann, wenn klassische Heilmethoden erfolglos bleiben.

Alternative Medizin ist eine Sammelbenennung für eine Reihe von Heilmethoden, deren Prinzipien sich vielfältig von jenen unterscheiden, die von konventioneller Medizin anerkannt werden. Grundmerkmal alternativer – oder wie sie auch genannt wird, holistischer – Medizin ist die Vermeidung synthetischer Präparate und der symptomatischen Erfassung von Erkrankungen. Außerdem betrachtet diese Medizin den Menschen ganzheitlich als physisches und geistiges Wesen und nicht als eine biologische Maschine. An einem Organ oder verschiedenen Funktionen des Organismus entstandene Störungen werden als Verursacher bestimmter Störungen des geistigen Gleichgewichts und umgekehrt angesehen. Durch die Heilung ausschließlich physischer Störungen unter Vernachlässigung ihrer seelischen Komponente können nach dieser Auffassung weder vollständige noch dauerhafte Ergebnisse erreicht werden.

Bei der alternativen Heilweise ist die Anwendung aggressiver synthetischer Arzneimittel verpönt, weil man der Auffassung ist, deren positiver Effekt bei der Krankheitsbekämpfung werde mit dem Preis schädlicher Wirkungen auf eine der

Körperfunktionen oder auf ein Organ bezahlt. Alternative Medizin betrachtet die Erkrankung als eine Warnung, die den Menschen darauf aufmerksam macht, daß mit seiner Lebensart und seinen Lebensbedingungen etwas nicht in Ordnung ist. Werden nur die Symptome als Folge bestimmter Gleichgewichtsstörungen im Organismus, verursacht durch äußerliche Umstände, behandelt, erreicht man nicht viel. Nach der Symptombeseitigung kehrt der Mensch gewöhnlich in dieselben Lebensbedingungen zurück und setzt sein Leben wie vor der Erkrankung fort, was die Krankheitsentwicklung in der ursprünglichen oder einer anderen Form begünstigt. Folglich sollte man die Krankheit besser als Zeichen verstehen, daß der Mensch sich auf einem Irrweg befindet und mit seiner Umgebung nicht harmonisch zusammenlebt.

Bis vor zehn Jahren wurde alternative Medizin fast ausschließlich von Menschen fachfremder Gebiete praktiziert, und es gab unter ihnen nur sehr wenige Ärzte. In letzter Zeit hingegen heilen viele Ärzte in ihren Privatpraxen Patienten ausschließlich nach alternativen Methoden. Nur in Europa arbeiten zahlreiche anerkannte Kliniken erfolgreich mit speziellen Alternativtherapien. Über die Erforschung alternativer Heilmethoden und deren Ergebnisse sollten die Öffentlichkeit und Wissenschaftskreise objektiv informiert werden. Dies würde sich hemmend auf die Tätigkeit verschiedener Scharlatane auswirken, die vorrangig wegen der erwähnten Uninformiertheit noch immer mit Erfolg im trüben fischen.

Vor dem Hintergrund der Tatsache, daß wichtige wissenschaftliche Theorien für morgen, sogenannte Paradigmenwechsel, sich nicht besseren Argumenten, sondern den Regeln des Sozialspiels verdanken, es auch hier ein spannungsreiches Verhältnis von Erkenntnis und Interesse gibt und es bei Grundfragen der Medizin immer zugleich um ökonomische Fragen, um Milliardenbeträge geht, wird eine baldige allgemeine wissenschaftliche Anerkennung und Beförderung alternativer Heilmethoden wohl eine Illusion bleiben. Dennoch wurden einige der alternativen Heilmethoden, obwohl noch nicht vollständig wissenschaftlich bewiesen, gänzlich oder teilweise in Programme konventioneller Medizin aufgenommen. Es sind dies beispielsweise Akupunktur, Fasten und Phytotherapie. Wie bereits erwähnt, stehen der alternativen Medizin eine Reihe von Methoden, Heilpraktiken und auch konventioneller Diagnostikmethoden zur Verfügung. Dazu zählen: Akupressur, anthroposophische Medizin, Apitherapie, Phonotherapie, Homöopathie, Chiropraktik, Chromotherapie, Makrobiotik, Naturopathie, Reflexotherapie, Sophrologie, Suggestion (Willensübertragung) und Telepathie.

Von den alternativen Diagnostikmethoden werden die folgenden am häufigsten angewandt: Analyse von Mikroelementen, Iridologie, Kirliansche Photographie, Blutkristallographie, makrobiotische Diagnostik und Reflexodiagnostik. Es kommt oft vor, daß für die Behandlung eines bestimmten Gesundheitsproblems gleichzeitig Alternativdiagnostik, zwei oder mehrere alternative Heilmethoden und einige der Begleittherapien angewendet werden.

Radiästhesie fand schon seit geraumer Zeit Anwendung in der Alternativmedizin, und zwar bei der Affinitätsbestimmung des Patienten gegenüber einer bestimmten Therapieart oder einem bestimmten Präparat und in der Diagnostik. Die Radiästhesie kann mit dem gleichen Erfolg wie in der Alternativmedizin auch in konventioneller Medizin Anwendung finden. Jene konventionellen Ärzte, die einen Kurs oder ein Seminar über angewandte Radiästhesie absolviert haben, können in der Medizin diese Art übersinnlicher Wahrnehmung als Zusatzmethode in der Diagnostik oder bei der Wirksamkeitsbestimmung einer Therapie oder eines Arzneimittels anwenden.

Radiästhetische Diagnostik

Radiästhetische Diagnostik zählt zur radiästhetischen Forschung auf dem Gebiet der Detektion. Diese Diagnostikmethode wird meistens zusätzlich zu einer konventionellen oder alternativen Diagnostikmethode angewandt. Manchmal wird sie auch als Hauptmethode verwendet, wenn der Zugriff auf konventionelle Methoden in einzelnen Fällen einfach nicht möglich ist. Zu Übungszwecken und der Erweiterung von Erfahrung wird empfohlen, parallel zur konventionellen auch radiästhetische Diagnostik vorzunehmen. Auf diese Art kann ein zusätzlich für radiästhetische Diagnostik ausgebildeter Arzt sehr einfach seine Fähigkeiten in dieser Diagnostikart überprüfen.

Durch radiästhetische Diagnostik kann ein in der Radiästhesie bewanderter Arzt oder ein Radiästhesist im Team mit einem oder mehreren Ärzten bei der Untersuchung des Patienten mit einiger Zuverlässigkeit herausfinden,

- wie der allgemeine Gesundheitszustand ist,
- wo die Gesundheitsstörung zu lokalisieren ist,
- welches Organ an der indizierten Stelle erkrankt oder beschädigt ist,
- welches bei komplizierteren Organen der erkrankte oder beschädigte Teil ist und
- wie stark die Störung der Funktion des Organs oder seines Teils ist.

Für die zufriedenstellende Durchführung radiästhetischer Diagnostik verwendet man diverse Methoden, die unabhängig davon durchgeführt werden können, ob der Patient beim eigentlichen Diagnostizieren anwesend ist oder nicht. Falls der Patient nicht anwesend ist, bedient sich der Radiästhesist eines psychometrischen Gegenstands, der den Patienten ersetzt. In Abhängigkeit davon, ob der Patient beim Diagnostizieren anwesend ist oder nicht, können folgende Methoden verwendet werden:

- das Diagnostizieren direkt am Körper des Patienten und
- das Diagnostizieren nach Vorlage.

Das Diagnostizieren direkt am Patienten zeigte sich bisher als weniger geeignet, da der Patient in den meisten Fällen wegen der Durchführung einer nicht alltäglichen Diagnostikmethode erregt ist und durch erhöhten Blutdruck, beschleunigten Atemgang oder Verkrampfungen die Ergebnisse eventuell entscheidend beeinflußt. Der Patient kann allein durch seine Anwesenheit den Diagnostikablauf stören oder durch körperliche Eigenheiten wie Geschwülste, diverse Deformationen oder Hautrötungen suggestiv auf den Diagnostiker einwirken. In einem solchen Fall wird es dem Diagnostiker schwerfallen, an der Körperoberfläche des Patienten die Lokation eines inneren Organs, das Gegenstand des Diagnostikvorgangs ist, vorzunehmen.

Bei der Lokalisierung geschieht folgendes: Der Diagnostiker hält meistens in einer Hand das radiästhetische Gerät, Pendel oder Biotensor, während er die andere Hand als Antenne verwendet. Indem er die Hand, seine »Antenne«, langsam über einzelne Körperteile des stehenden oder liegenden Patienten gleiten läßt, verfolgt er eventuelle Reaktionen des radiästhetischen Instruments, das heißt, er registriert die Symbolveränderungen, die das Gerät anzeigt und die der in vorangegangener Phase des radiästhetischen Zyklus definierten Konvention entsprechen.

In folgender Diagnostikphase wird innerhalb des in erster Phase eingegrenzten Beschwerdegebiets das erkrankte Organ festgestellt oder, handelt es sich um ein komplizierteres Organ, sein erkrankter Teil. Diese Phase des Diagnostizierens erfordert außer guten Anatomiekenntnissen auch eine bildhafte Vorstellung des zu prüfenden Organs. Beim Diagnostizieren eines erkrankten Organs muß zusätzlich der Erkrankungsgrad festgestellt werden.

Die Diagnostikmethode nach Vorlage zeigt wesentlich bessere Ergebnisse als die Methode des Diagnostizierens am Körper. Man kann diese Methode mit Hilfe eines anatomischen Atlasses oder eines Diagramms in An- oder Abwesenheit des Patienten anwenden: Das Diagnostizieren mittels eines anatomischen Atlasses als Vorlage wird so durchgeführt, daß zuerst ähnlich wie beim direkten Diagnostizieren am Patienten die Körperbereiche festgestellt werden, in denen die Beschwerden auftreten. Am besten gelingt dies mit Hilfe jenes Atlasteils, der den gesamten Körper darstellt.

Die Lokation der Erkrankung wird so durchgeführt, daß der Diagnostiker in einer Hand das radiästhetische Gerät hält und in der anderen eine Antenne in Form eines spitzen Gegenstands, mit dem er langsam über einzelne Körperteile, dargestellt auf der Zeichnung im anatomischen Atlas, gleitet, während er gleichzeitig die Reaktion des Geräts in seiner Hand verfolgt. Es geht im Prinzip so wie bei einer Diagnose direkt am Körper des Patienten, nur daß anstelle des Körpers hier die bildliche Darstellung als Vorlage dient.

Nachdem er die Stelle des Körpers gefunden hat, an der sich das erkrankte Organ befindet, setzt der Diagnostiker die Suche über jene Teile des anatomischen Atlasses fort, die einzelne Organe des betreffenden Körperteils zeigen. Auf präzisen Darstellungen einzelner Organe ist das erkrankte Organ wesentlich leichter zu finden, als wenn direkt am Körper diagnostiziert wird. Diese Methode erleichtert zusätzlich die Diagnose, wenn am Organ selbst bestimmt werden soll, welcher seiner Teile erkrankt oder beschädigt ist.

Am raschesten gelangt jedoch ein erfahrener radiästhetischer Diagnostiker zur Diagnose, wenn er sich verschiedener Diagramme als Vorlage bedient. In diesem Fall ist es am günstigsten, Diagramme in Form von Rosetten diverser Richtungen zu verwenden; es können volle oder halbe Rosetten sein. Auch diese Diagnoseart ist analog zu den vorhergehenden in einige Phasen unterteilt. In der ersten Phase verwendet man ein Diagramm, um das Gebiet am menschlichen Körper zu bestimmen, wo es zur Erkrankung kam. Dazu verwendet man ein Diagramm, bei dem jeder dargestellten Richtung einzelne Teile des menschlichen Organismus, wie zum Beispiel Skelett, Verdauungstrakt oder Endokrinsystem, zugeordnet sind. Auf diesem Diagramm »zeigt« das Pendel dem Diagnostiker jene Richtung, die das Gebilde im Organismus darstellt, innerhalb dessen sich das erkrankte Organ befindet.

Weiterhin kann das Diagnostizieren auf zweierlei Weise durchgeführt werden: Die eine ist die Bestimmung des erkrankten Organs innerhalb des angezeigten Organismus am Diagramm, auf dem alle bedeutenderen diesen Komplex bildenden Organe verzeichnet sind. Die andere benutzt das Diagramm als Hinweis auf die mögliche Erkrankung dieses Gefüges.

Die drei folgenden Beispiele sollen die beschriebenen Methoden radiästhetischen Diagnostizierens erläutern.

Erstes Beispiel

Erste Phase: Bestimmung des erkrankten Körperteils.

Orientierung: Am Körper des Patienten K. M. wird die Diagnose nach radiästhetischer Methode gestellt. Als radiästhetisches Instrument dient das Pendel. Die linke Hand dient als Antenne.

Konvention: Die Pendeldrehung im Uhrzeigersinn soll gesunde Körperteile anzeigen, der Stillstand die erkrankten. Das Beobachtungsgebiet bestimmt die über einem Körperteil des Patienten befindliche linke Hand; das Instrument wird ausschließlich auf den Zustand dieses Gebiets reagieren.

Informationssuche: »Das Pendel soll entsprechend der Konvention erkrankte Teile am Körper der Person K. M. anzeigen!« – Die Hand des Diagnostikers gleitet leicht zuerst über die Frontpartie des Körpers von Kopf bis Fuß, dann über die Rückpartie.

Kommentar: Das Pendel hat durch Stillstand die hintere Halsregion und die mittlere linke Bauchregion als das Beschwerdegebiet angezeigt.

Zweite Phase: Bestimmung des erkrankten Organs.

Orientierung: Geprüft wird die hintere Halsregion des Patienten K. M., um das erkrankte Organ auf diesem Körperteil oder aber die Beschwerdeart zu bestimmen.

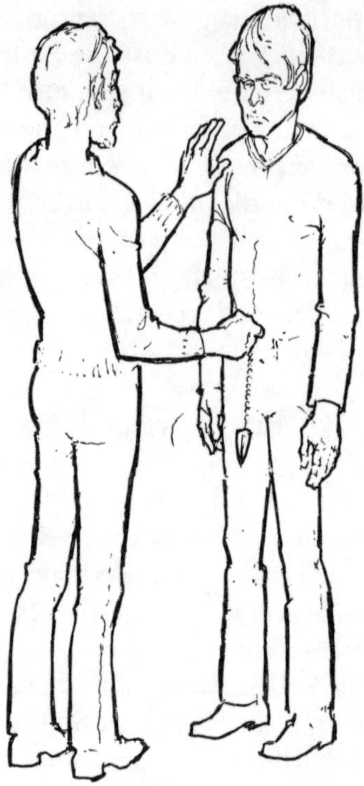

Abb. 19: Radiästhetisches Diagnostizieren am Körper des Patienten

Konvention: Verwendet wird die Ja-/Nein-Konvention, nach der die Pendelbewegung im Uhrzeigersinn Bestätigung bedeutet und die entgegengesetzte Drehung Verneinung.

Informationssuche: Frage: »Handelt es sich am Körperteil des Patienten K. M. unter meiner linken Hand um Blutumlaufstörungen?« Während der Diagnostiker diese Frage stellt, befindet sich seine linke Hand oberhalb des Halses auf der Rückseite des Patienten.

Der Diagnostiker grenzt das Feld der Möglichkeiten durch logisch aufeinander aufbauende Fragen ein, beginnend mit der Frage nach Beschwerden, die an dieser

Körperstelle in der Praxis am häufigsten vorkommen. Das Fragen wird solange fortgesetzt, bis er eine bejahende Antwort bekommt.

Kommentar: Das Pendel hat durch Drehung gegen den Uhrzeigersinn eine negative Antwort »angezeigt«, also handelt es sich nicht um Blutumlaufstörungen.

Erneute Informationssuche: Frage: »Handelt es sich am Körperteil des K. M. unter meiner linken Hand um spondilitische Veränderungen?«

Kommentar: Das Pendel hat eine bejahende Antwort angezeigt. K. M. leidet demnach unter spondilitischen Veränderungen in der Halsregion der Wirbelsäule.

Dritte Phase: Vorgenommen wird die Bestimmung des spondilitischen Veränderungsgrades in der Halsregion der Wirbelsäule des K. M.

Konvention: Das Pendel soll durch bestimmte Bewegungen auf der im Diagramm A eingetragenen Rosette den Grand spondilitischer Veränderungen anzeigen. Vier Veränderungsgrade stehen zur Auswahl: geringfügig, mittel, ausgeprägt und sehr ausgeprägt.

Informationssuche: »Das Pendel soll am Diagramm A den Grad spondilitischer Veränderungen in der Halsregion der Wirbelsäule des vor mir sitzenden K. M. anzeigen!« – Der Diagnostiker sitzt dabei dem Patienten gegenüber und hält mit seiner rechten Hand das Pendel über das Diagramm.

Kommentar: Das Pendel hat durch Bewegung über die Richtungsrosette angezeigt, daß es sich um eine spondilitische Veränderung mittlerer Stärke in der Halsregion der Wirbelsäule bei K. M. handelt.

Schlußfolgerung: Die radiästhetische Diagnose, vorgenommen direkt am Körper des Patienten K. M., legte die Wahrscheinlichkeit des Bestehens spondilitischer Veränderungen mittlerer Intensität in der Halsregion der Wirbelsäule nahe.

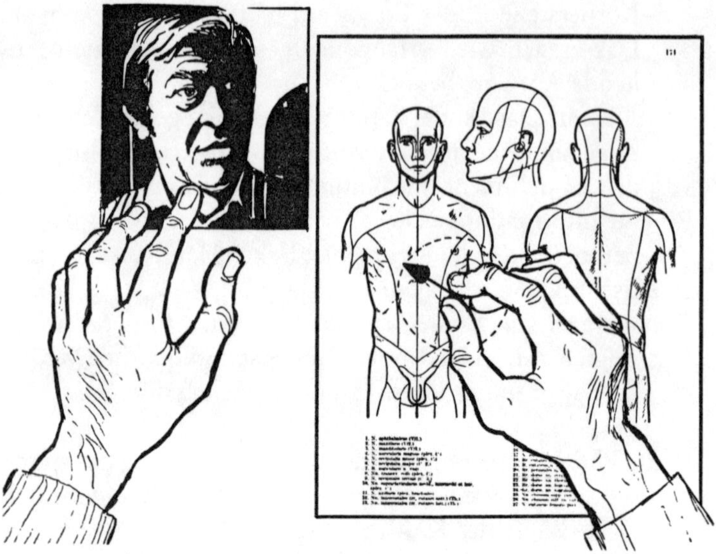

Abb. 20: Radiästhetisches Diagnostizieren nach Vorlage

Zweites Beispiel

Erste Phase: Bestimmung des erkrankten Körperteils.

Orientierung: Vorgenommen wird die radiästhetische Diagnoseerstellung für den Patienten L. F. ohne seine Anwesenheit. Als psychometrischer Gegenstand dient das Photo der betreffenden Person. Als Vorlage wird ein anatomischer Atlas verwendet, das Pendel als radiästhetisches Instrument.

Konvention: Die Zeichnung im anatomischen Atlas bildet stellvertretend den Körper der Person L. F. ab, deren Photographie vorliegt. Das Pendel soll über einzelne Körperteile auf der Zeichnung gefahren werden und sich über gesunden Körperpartien im Uhrzeigersinn bewegen, über erkrankten stillstehen.

Informationssuche: »Das Pendel soll gemäß Konvention erkrankte Körperteile der Person L. F. anzeigen!« – Hierzu läßt der Diagnostiker das Pendel über die Zeichnung im anatomischen Atlas gleiten, und zwar zuerst über die Frontpartie und dann über die Rückpartie des Körpers, jeweils von Kopf bis Fuß.

Kommentar: Das Pendel hat durch Stillstand Beschwerden in der vorderen oberen Partie des Brustkorbs angezeigt.

Zweite Phase: Bestimmung des erkrankten Organs.

Orientierung: Sie erfolgt durch radiästhetisches Diagnostizieren in der oberen Partie des Brustkorbs der Person L. F. Verwendet wird eine Detailzeichnung des Organs aus dem anatomischen Atlas, die diese Körperpartie darstellt, darüber hinaus gelten die Orientierungselemente der ersten Phase.

Konvention: Indem das Pendel über einzelne Organe auf der Zeichnung gleitet, wird es durch Drehung im Uhrzeigersinn gesunde Teile anzeigen und durch Stillstand erkrankte.

Informationssuche: »Das Pendel soll gemäß Konvention das erkrankte Organ auf der Zeichnung, die den Körper von L. F. vorstellt, anzeigen!«

Kommentar: Das Pendel hat seine kreisenden Bewegungen über dem das Herz darstellenden Zeichnungsteil eingestellt.

Dritte Phase: Bestimmung des Erkrankungsgrades. Hier hat das Pendel beim Durchgang über die Richtungsrosette am Diagramm A angezeigt, daß es sich um ausgeprägte Störungen der Herzfunktion handelt.

Schlußfolgerung: Die radiästhetische Erfassung des Gesundheitszustandes der Person L. F., vorgestellt durch eine Photographie, durchgeführt im anatomischen Atlas als Vorlage, hat ergeben, daß es sich wahrscheinlich um eine ausgeprägte Störung der Herzfunktion handelt.

Drittes Beispiel

Erste Phase: Bestimmung des erkrankten Systems.

Orientierung: Vorgenommen wird die radiästhetische Diagnostik des Gesundheitszustands der Person C. T. in ihrer Anwesenheit. Als Vorlage wird ein Diagramm in Form einer Richtungsrosette verwendet (dargestellt in Abbildung 21). Als Instrument soll das Pendel Verwendung finden.

Konvention: Im Diagramm ist jeder Richtung die Benennung eines bestimmten Systems im Organismus zugeordnet. Das Pendel soll durch Bewegung jenes System anzeigen, innerhalb dessen es zur Erkrankung kam.

Informationssuche: »Welches System der Person C. T., die sich vor mir befindet, erkrankte?«

Kommentar: Das Pendel hat durch seine Bewegung das endokrine System angezeigt. Durch weiteres Diagnostizieren kann das kranke Organ innerhalb des Endokrinsystems bestimmt werden.

Zweite Phase: Bestimmung des erkrankten Organs.

Orientierung: Vorgenommen wird die radiästhetische Diagnose des Endokrinsystems der hier anwesenden Person C. T. Als Vorlage wird das Diagramm in Form einer Richtungsrosette verwendet. Als Instrument dient das Pendel.

Konvention: Im Diagramm sind den Richtungen jene Organbenennungen zugeordnet, aus denen sich das Endokrinsystem zusammensetzt. Das Pendel soll durch seine Bewegungen das erkrankte Organ anzeigen.

Informationssuche: »Welches Organ innerhalb des Endokrinsystems der Person C. T. ist krank?«

Kommentar: Durch Ausschlag hat das Pendel eine Störung der Schilddrüse angezeigt.

Dritte Phase: Bestimmung des Erkrankungsgrades.

Genauso wie bei den zwei vorangehenden Beispielen

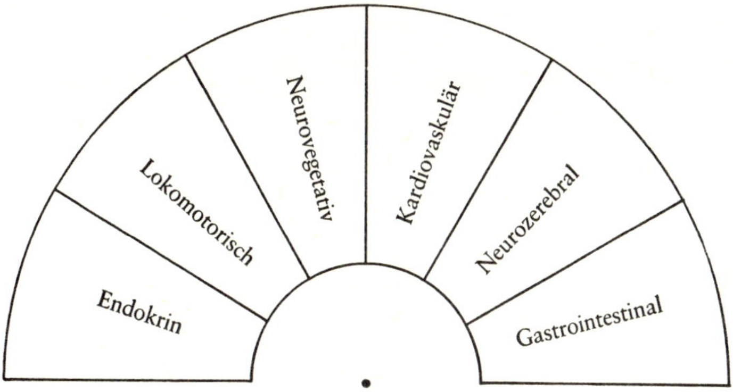

Abb. 21: Diagramm zur radiästhetischen Bestimmung des erkrankten Systems innerhalb des Organismus eines Patienten

kann durch ein Diagramm das Ausmaß der Erkrankung bestimmt werden. In diesem Fall hat das Pendel während seiner Bewegung auf der Richtungsrosette angezeigt, daß es sich um eine sehr ausgeprägte Störung handelt.

Schlußfolgerung: Durch radiästhetische Diagnose, durchgeführt mittels eines Diagramms, wurde festgestellt, daß die Wahrscheinlichkeit besteht, die Person C. T. leide an einer sehr ausgeprägten Störung der Schilddrüsenfunktion.

In den geschilderten drei Beispielen radiästhetischer Diagnostik wurden unterschiedliche grundlegende Methoden angewandt. Jeder Radiästhesie-Diagnostiker kann, auf diesen Grundlagen aufbauend, seine Varianten erarbeiten, die seinen Neigungen, seinem Einfühlungsvermögen in diese Diagnostikart und – beim Arzt – dem Gebiet seiner praktischen Fachrichtung entsprechen. Je nach Bedarf kann er auch seine eigenen Diagramme erarbeiten, in die er auf vollen oder halben Rosetten die Einteilungen für einzelne Systeme, einzelne

Organe oder Erkrankungen des menschlichen Organismus einträgt.

Der radiästhetische Diagnostiker soll stets beachten, daß die radiästhetische Diagnose eine zusätzliche Information darstellt, die, wann immer möglich, durch konventionelle Diagnostikmethoden bestätigt werden sollte. Außerordentlich versierte Ärzte, die zugleich radiästhetische Diagnostiker sind, sollten sich nur dann ausschließlich auf letztere Diagnostikmethode stützen, wenn eine Bestätigung durch andere Diagnostikmethoden nicht möglich ist oder diese keine zufriedenstellenden Ergebnisse liefern konnten.

Die Anwendung der radiästhetischen Diagnostikmethode hat bestimmte Vorteile:

- Die Diagnose benötigt wenig Zeit.
- Auch in Abwesenheit des Patienten kann diagnostiziert werden.
- Die Methode greift den Körper nicht an.
- Die Diagnose der Krankheit ist »in statu nascendi« möglich, während Symptome noch nicht bestehen.
- Die Durchführung dieser Methode ist kostengünstig.
- Eine Diagnose ist auch bei Personen mit geringer Kommunikationsfähigkeit, wie Kleinkindern, gestörten Personen, Personen mit schweren Traumata oder geistesgestörten Personen, problemlos möglich.

Viele Ärzte, die seit Jahren radiästhetische Diagnostik anwenden, haben beobachtet, daß bei bestimmten Zuständen des Patienten eine Diagnose nicht möglich ist oder die erzielten Ergebnisse unzuverlässig werden. Insbesondere handelt es sich um solche Zustände, die durch Alkohol, Drogen, starke Sedativa und Narkotika hervorgerufen werden. Einige Autoren raten dazu, radiästhetische Diagnosen nur durchzuführen, wenn sich weder der Patient noch der Diagnostiker in einer Zone stärkerer geopathogener Strahlung befinden.

Die Zuverlässigkeit der radiästhetischen Diagnostikmethode ist von einer Anzahl verschiedener Faktoren abhängig.

Die bedeutendsten davon sind jedenfalls gute Beherrschung der Forschungsmethode und -technik als auch gründliche medizinische Kenntnisse beziehungsweise Kenntnisse über das zu erforschende Gebiet. Am ratsamsten ist es, radiästhetische Diagnosen nur von einem in Radiästhestik erfahrenen Arzt oder, wenn sie von einem Laien auf dem Medizingebiet durchgeführt wird, auf jeden Fall in Zusammenarbeit mit einem Arzt vornehmen zu lassen. Ist das nicht möglich, so darf sich der Radiästhesist, der kein Arzt ist, auf eine Diagnose nicht definitiv festlegen, er sollte vielmehr die untersuchte Person auf die Wahrscheinlichkeit des Vorhandenseins von Beschwerden in einer bestimmten Körperregion aufmerksam machen und dieser Person raten, im Zusammenhang damit einen Arzt zu konsultieren.

Pflanzenkunde und Phytotherapie

In seinen ersten Entwicklungsphasen begann der Mensch, Pflanzen als Heilmittel zu verwenden, die er sammelte, geführt nur vom eigenen Instinkt. Je mehr er sich über die Heilsamkeit einzelner Pflanzen bewußt wurde, um so reicher wurden seine Erfahrungen. Schritt für Schritt begann er, verschiedene heilsame Eigenschaften diverser Pflanzen zu unterscheiden und sie bei einzelnen Beschwerden und Erkrankungen systematisch anzuwenden. Der Erfahrungsbestand wurde neuen Generationen übertragen, diese bereicherten ihn um neue Erkenntnisse. So entstand bei vielen Völkern die Volksheilkunde. Durch die Entwicklung der Naturwissenschaften wurden zunehmend Heilpflanzen in ihren Wirkungen auf die menschliche Gesundheit erforscht. Durch chemische Analysen stellte man die Zusammensetzung der Heilkomponenten in den Pflanzen fest und versuchte, auf synthetischem Wege Präparate herzustellen, die ebenso wirksam wären. Auf diese Weise wurden viele Heilpflanzen mit der Zeit in der konventionellen Medizin durch synthetische Arzneimittel ersetzt.

Bei der Herstellung synthetischer Präparate in chemisch völlig identischer Zusammensetzung vergaß die moderne Pharmakologie, daß die Heilsamkeit von Pflanzen nicht nur aus ihrem Chemismus hervorgeht, sondern auch aus der biologischen Kraft. Diese manifestiert sich in der Wirkung heilender Vibrationen. Außerdem besitzt das synthetische Präparat nicht die natürliche Harmonie der Substanzen, wie es bei der Heilpflanze der Fall ist. Deswegen empfängt der menschliche Organismus das natürliche Präparat viel leichter als das synthetische. Ein sehr gutes Beispiel dafür ist die Heilpflanze Schwarzwurz (sinfitum oficinale), die eine Heilsubstanz enthält, genannt Alantoin, die hervorragend schwer verheilende und eitrige Wunden heilt.

Prüfungen der Heilwirkung beim synthetisch hergestellten Alantoin ergaben keine Resultate, was auf die Tatsache hinweist, daß im natürlichen Alantoin nicht meßbare biologische Kräfte bestehen, die dem synthetischen Produkt fehlen.

Gerade der Bewertungsmöglichkeit dieser biologischen Vibrationen wegen, die Heilpflanzen und natürliche aus ihnen hergestellte Präparate besitzen und die zur Zeit mittels exakter Methoden nicht meßbar sind, fand die Radiästhesie in der Heilpflanzenkunde und in der Phytotherapie Anwendung. Bei diesen Disziplinen geht es um Affinitätsbestimmung und Detektion.

Im allgemeinen leistet Radiästhesie in der Heilpflanzenkunde folgendes:

- Qualitätsbestimmung der frischen oder getrockneten Droge.
- Qualitäts- und Quantitätsbestimmung einer bestimmten Heilsubstanz in einzelnen Drogen.
- Komponentenwahl bei der Zubereitung eines Präparats, das aus einer Mischung mehrerer Heilpflanzensorten hergestellt wird.
- Bestimmung gegenseitiger Harmonie der gewählten Komponenten.
- Mengenbestimmung der gewählten Komponenten.

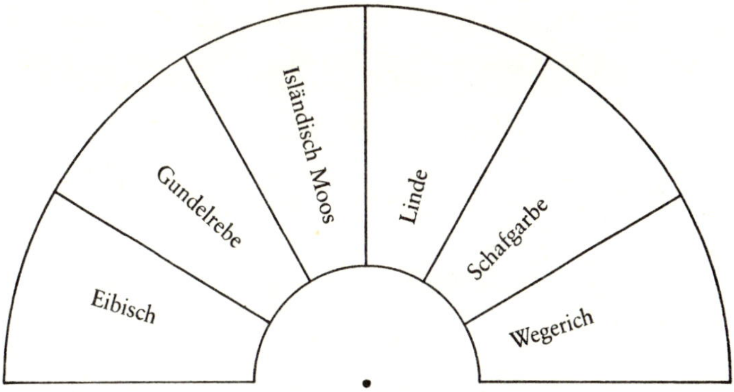

Abb. 22: Diagramm zur Wahl der wirksamsten Heilpflanze bei Bronchialbeschwerden

In der Phytotherapie dient Radiästhesie zu folgendem:

- Bestimmung der Heilwirkung eines natürlichen Präparates bezüglich der Beschwerde einer bestimmten Person.
- Bestimmung der wirksamsten Phytotherapieart.
- Bestimmung der Harmonie der durchzuführenden Therapie mit einer anderen alternativen Therapie.

Im weiteren Text werden zwei charakteristische Beispiele der radiästhetischen Anwendung in der Heilpflanzenkunde und der Phytotherapie geschildert.

Erstes Beispiel

Allgemeine Orientierung: Gegenstand der radiästhetischen Prüfung ist die Bestimmung der wirksamsten Teemischung für eine Linderung der Beschwerden der an Bronchitis leidenden Person V. A. Zur Herstellung der Teemischung stehen sechs Heilpflanzenarten zur Verfügung: Eibisch, Gundelrebe, Isländisch Moos, Linde,

Schafgarbe und Wegerich. Die Teemischung soll aus den drei wirksamsten Heilpflanzenarten hergestellt werden. Als radiästhetisches Zubehör dient das Pendel. Die Person V. A. ist beim Prüfen anwesend.

Erste Prüfungsphase: Bestimmung wirksamster Komponenten der Teemischung.

Orientierung: Die Bestimmung wirksamster Komponenten der Teemischung erfolgt am Diagramm in Form der Richtungsrosette. Am Richtungsdiagramm werden Muster aller sechs getrockneten Heilpflanzen aufgestellt.

Konvention: Das Pendel soll durch Bewegungen an der Richtungsrosette die Auswahl der Heilpflanzen bestimmen.

Erste Informationsanforderung: Frage: »Welche der Heilpflanzen ist am wirksamsten gegen die Bronchitisbeschwerden der Person V. A., die ich in der Hand halte?« – Der Radiästhesist hält zur Erzielung eines deutlicheren bildhaften Eindrucks die Person, für die die Prüfung vorgenommen wird, an der Hand.

Erster Kommentar: Das Pendel hat Eibisch angezeigt. Der Radiästhesist nimmt die Eibischprobe aus dem Diagramm und legt sie zur Seite.

Zweite Informationsanforderung: Wiederholung der ersten Frage.

Zweiter Kommentar: Das Pendel hat Wegerich angezeigt. Der Radiästhesist nimmt die Wegerichprobe aus dem Diagramm und stellt sie zur Seite.

Dritte Informationsanforderung: Wiederholung der ersten Frage.

Dritter Kommentar: Das Pendel hat Isländisch Moos angezeigt.

Gemeinsamer Kommentar: Wirksamste Komponenten der Teemischung zur Linderung bronchialer Beschwerden der Person V. A. sind Eibisch, Wegerich und Isländisch Moos.

Hierbei bediente sich der Radiästhesist jeweils der gleichen Orientierung und Konvention für alle drei Informationsanforderungen und Kommentare, weil sich kein Element der Orientierung und der Konvention geändert hatte. Nach jeder Prüfung stellte der Radiästhesist das Muster der angezeigten Pflanzensorte zur Seite, damit es ihm die Bestimmung der nächsten Sorte nicht erschwerte.

Zweite Prüfungsphase: Bestimmung gegenseitiger Harmonie der gewählten Teemischungskomponenten. Das Bestehen der Harmonie bedeutet, daß die gewählten Komponenten im Zusammenspiel die heilsame Wirkung steigern. Besteht diese Harmonie nicht, bedeutet es, daß die mit anderen Pflanzen nicht harmonierende Pflanze deren Heilwirkung mindert und damit auch die Heilwirkung der gesamten Mischung.

Orientierung: Geprüft wird das Harmonieren der drei Sorten der Heilpflanzen untereinander. Alle drei Muster stehen nebeneinander aufgereiht.

Konvention: Verwendet wird die Ja-/Nein-Konvention. Pendeldrehung im Uhrzeigersinn bedeutet Ja und umgekehrt Nein.

Informationsanforderung: Frage: »Sind diese drei Heilpflanzensorten in gegenseitiger Harmonie?« – Dabei hält der Radiästhesist das Pendel über die Muster.

Kommentar: Durch Drehung im Uhrzeigersinn hat das Pendel die gegenseitige Harmonie der Komponenten »festgestellt«, aus denen die Teemischung zusammengesetzt werden soll.

Würde man eine Disharmonie feststellen, müßte durch weiteres Prüfen jene mit anderen nicht harmonierende Komponente bestimmt werden und an ihre Stelle die wirksamste der aus der ersten Prüfungsphase übriggebliebenen Heilmittelsorten treten.

Dritte Prüfungsphase: Mengenbestimmung der einzelnen Heilpflanzensorten in der Teemischung.

Orientierung: Geprüft wird der Anteil der einzelnen Heil-

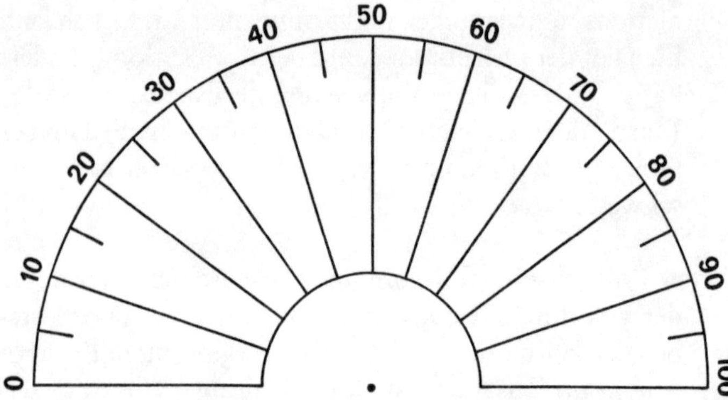

Abb. 23: Diagramm zur radiästhetischen Prozentsatzbestimmung

pflanzen am Gesamtgewicht der Teemischung, ausgedrückt in Prozenten. Dazu verwendet man ein Diagramm in Form einer halben Richtungsrosette mit von 0 bis 100 angezeigten Prozentzahlen, dargestellt in Abbildung 23.

Konvention: Das Pendel soll durch Bewegung über die Richtungsrosette die Richtung mit dem gesuchten Prozentsatz anzeigen.

Erste Informationsanforderung: Frage: »Mit wieviel Prozent Gewichtsanteil soll Eibisch in der Teemischung zur Linderung bronchialer Beschwerden der Person V. A. vertreten sein?« – Dabei stellt der Radiästhesist das Muster dicht vor das Diagramm und weist mit dem Zeigefinger der linken Hand auf die vor ihm sitzende Person V. A.

Erster Kommentar: Das Pendel hat für Eibisch einen 40prozentigen Anteil angezeigt.

Zweite Informationsanforderung: Wie bei der ersten Informationsanforderung, durchgeführt jedoch für Wegerich.

Zweiter Kommentar: Das Pendel hat für Wegerich einen 35prozentigen Anteil angezeigt.

Dritte Informationsanforderung: Wie bei der ersten Informationsanforderung, durchgeführt jedoch für Isländisch Moos.

Dritter Kommentar: Das Pendel hat für Isländisch Moos einen 25prozentigen Anteil angezeigt.
Gemeinsamer Kommentar: Festgestellt wurden folgende Anteile an den einzelnen Heilpflanzensorten, ausgedrückt in Prozenten des gesamten Mischungsgewichts: Eibisch 40 Prozent, Wegerich 35 Prozent und Isländisch Moos 25 Prozent.

In diesen drei Phasen der radiästhetischen Prüfung wurde eine Teemischung zur Linderung bronchialer Beschwerden der Person V. A. festgestellt. Auf die gleiche Weise könnte man eine Teemischung zur Linderung bronchialer Beschwerden zur allgemeinen Anwendung festlegen. Diese Art der radiästhetischen Bestimmung des wirksamsten Präparates für eine bestimmte Person wird vorgenommen, wenn die Beschwerden mit Standardpräparaten nicht gelindert werden können.

Die Methode kann genauso erfolgreich auch auf anderen Gebieten der Alternativmedizin Anwendung finden und Präparate in ähnlicher Weise vorbereitet werden.

Zweites Beispiel

Allgemeine Orientierung: Die Person A. G. leidet häufig an Migräne. Gegenstand radiästhetischer Prüfung ist die Wahl der wirksamsten Phytotherapieart, der Pflanze und der Art der Therapiedurchführung und die Wahl der begleitenden Alternativtherapie. Die Person A. G. wohnt der Prüfung bei.

Erste Phase: Bestimmung der wirksamsten Phytotherapieform.
Orientierung: Von den drei in diesem Fall möglichen Phytotherapieformen: Tee, Bäder, Massage mit ätherischen Ölen, soll die wirkungsvollste Form zur Linderung migränöser Beschwerden der Person A. G. gewählt wer-

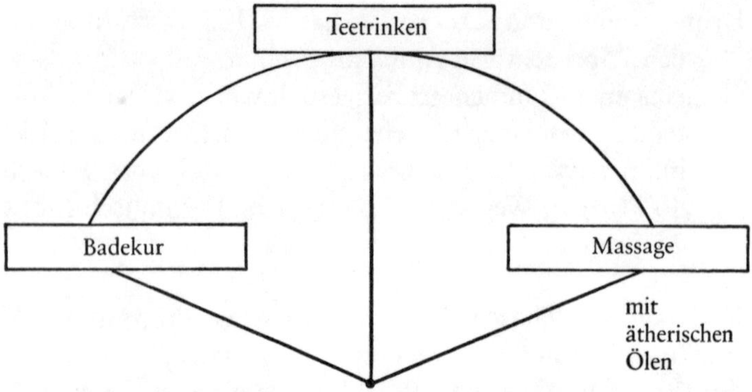

Abb. 24: Diagramm zur radiästhetischen Bestimmung der wirksamsten Form der Phytotherapie

den. Die Therapieart wird dabei durch Aufschrift auf einem Papierzettel dargestellt. Einem bewanderten Radiästhesisten reicht die aufgeschriebene Benennung der Therapieart zur Gewinnung eines klaren Vorstellungsbildes vollkommen aus.

Konvention: Die Therapiebenennungen werden gleichmäßig am Rand eines gedachten Kreises aufgestellt (siehe Abbildung 24) und das über der Kreismitte angeordnete Pendel wird durch geradlinigen Ausschlag die wirksamste Therapieform anzeigen.

Informationsanforderung: Frage: »Welche Therapieart wäre am wirksamsten zur Linderung migränöser Beschwerden der Person A. G., die vor mir sitzt?«

Kommentar: Das Pendel hat Tee als wirkungsvollste Therapieform angezeigt.

Zweite Phase: Bestimmung der wirksamsten Teesorte.

Orientierung: Zur Verfügung stehen folgende Heilpflanzensorten zur Linderung migränöser Beschwerden: Schwertlilie, Iris, Lavendel, Primelblüte, Katzenkraut, Blatt der roten Johannisbeere. Verwendet wird ein Diagramm in Form einer Richtungsrosette, auf der Muster

der erwähnten Heilpflanzensorten liegen. Als Instrument wird das Pendel verwendet.
Konvention: Das Pendel soll durch Bewegung über die Richtungsrosette die gesuchte Pflanzensorte anzeigen.
Informationsanforderung: Frage: »Welche Heilpflanzenart ist am wirksamsten als Teezubereitung zur Linderung migränöser Beschwerden der Person A. G.?«
Kommentar: Das Pendel hat Primelblüte als die geeignetste Heilpflanzenart angezeigt.

Dritte Phase: Bestimmung der Therapiedurchführung.
Orientierung: Geprüft wird die optimale Tagesdosis des Tees und die Häufigkeit der Einnahme. Verwendet wird ein Diagramm in Form einer halben Richtungsrosette mit Zeichen von 1 bis 10. Zum selben Zweck kann auch ein Prozentdiagramm verwendet werden, bloß daß dann die Zahl 10 für 1 steht und die Zahl 100 für 10. Bei beiden Prüfungsweisen sollte über dem Diagramm das Muster der Primelblüte liegen.
Erste Konvention: Die Bezeichnungen am Diagramm bedeuten die tägliche Flüssigkeitsmenge in Dezilitern. Das Pendel wird durch Bewegung über die Richtungsrosette die angefragte Menge anzeigen.
Erste Informationsanforderung: Frage: »Wie hoch ist die tägliche Teemenge, zubereitet aus Primelblüten, bestimmt zur Linderung migränöser Beschwerden der Person A. G., die neben mir sitzt?«
Erster Kommentar: Das Pendel hat 5 Deziliter als die erforderliche Teemenge angezeigt.
Zweite Konvention: Die Zahlen am Diagramm bedeuten die erforderliche Anzahl der Einnahmen. Das Pendel wird durch Bewegung über die Richtungsrosette die Anzahl der erforderlichen Teeeinnahmen bestimmen.
Zweite Informationsanforderung: Wie viele Male soll die vor mir sitzende Person A. G. die Tagesmenge von 5 dcl Tee aus Primelblüten zur Linderung migränöser Beschwerden einnehmen?

Zweiter Kommentar: Das Pendel hat am Diagramm die Zahl 5 angezeigt, daß die Person A. G. nämlich die Tagesmenge von 5 Deziliter Tee in fünf gleichen Dosen zu je 1 Deziliter trinken soll.

Vierte Phase: Wirksamkeitsprüfung des zubereiteten Tees.

Orientierung: Geprüft wird die Wirksamkeit des zubereiteten Tees zur Linderung der Beschwerden der an Migräne leidenden Person A. G. Als radiästhetisches Instrument wird der Biotensor verwendet.

Konvention: Der Ring des Biotensors wird zwischen das Gefäß mit dem zubereiteten Tee und dem Kopf der Person A. G. aufgestellt, wie es in Abbildung 25 gezeigt wird. Waagerechte Ringbewegungen zwischen dem Tee und der Beschwerdestelle bedeuten eine ausgesprochene Eignung des Präparates, während senkrechte Bewegungen des Biotensorringes bedeuten, daß das Präparat nicht helfen wird.

Informationsanforderung: Frage: »Ist der Tee, den ich in der Hand halte, wirksam für eine Linderung der Beschwerden der an Migräne leidenden Person A. G.?« – Bei dieser Frage sitzt die Person A. G. auf einem Sessel und der Radiästhesist steht hinter ihr, in der rechten Hand hält er den Biotensor, in der linken in Kopfhöhe des Patienten das Gefäß mit dem Tee. Wie vorher erwähnt, muß sich der Ring des Biotensors zwischen dem Kopf der geprüften Person und dem Präparat befinden.

Kommentar: Der Biotensorring hat durch waagerechte Bewegungen zwischen dem Kopf der geprüften Person und dem Präparat angezeigt, daß der zubereitete Tee wirksam ist zur Linderung migränöser Beschwerden.

An diesen Beispielen wird die breite Anwendungsmöglichkeit der Radiästhesie in der Heilpflanzenkunde und in der Phytotherapie ersichtlich. Diese Prüfungen und Forschungen bieten die Möglichkeit verschiedener Variationen, die der Ar-

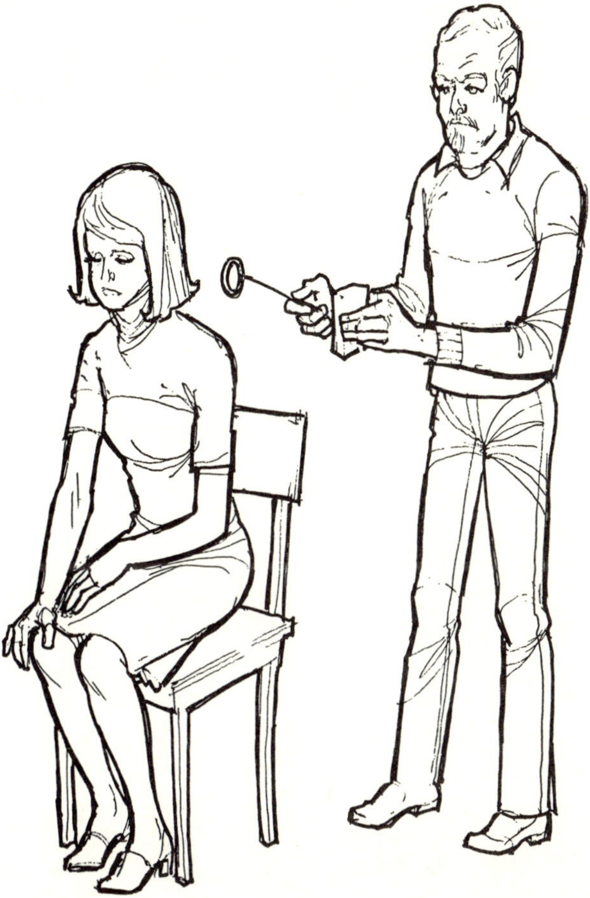

Abb. 25: Radiästhetische Bestimmung des zusätzlichen Heilmittels mit dem Tensor

beitsweise von Pflanzenkundlern und Phytotherapeuten angepaßt werden kann. Beste Ergebnisse werden erzielt, wenn der mit Prüfungen befaßte Radiästhesist selbst auch ein Fachmann auf dem Gebiet der Heilpflanzenkunde und der Phytotherapie ist.

Falls sich ein Radiästhesist ohne Erfahrung auf diesen Gebieten mit solchen Forschungen befaßt, wäre es erforderlich, daß ihm bei der Orientierung und der Deutung erhaltener Ergebnisse ein Fachmann behilflich ist. Auch wenn ein falsch gewähltes Pflanzenpräparat und seine falsche Dosierung nicht solche schädlichen Folgen wie ein falsch angewandtes synthetisches Präparat verursachen können, ist Vorsicht geboten. Falls die Ergebnisse über den Rahmen bekannter Pflanzenkunde und einschlägiger phytotherapeutischer Erfahrungen hinausgehen, bedeutet dies, daß die erhaltenen Ergebnisse falsch sind und dem Forscher irgendwo im Verfahren ein Fehler unterlaufen sein muß.

Natürliche Ernährung

Heute spricht man über die Bedeutung der Ernährung mehr als jemals zuvor. Der Mensch begreift endlich, daß durch natürliche und ausgewogene Ernährung zahlreiche gesundheitliche Probleme vermieden werden können. Heutzutage gibt es kaum eine Zeitschrift, in der man nicht etwas über Ernährung finden könnte. Geschrieben wird über diverse Richtungen in der Ernährung und über deren Grundmerkmale; dabei werden auch Ratschläge zu ihrer Durchführung gegeben. Aufsätze über verschiedene zur Gewichtsabnahme aus ästhetischen Gründen bestimmte Diäten werden zunehmend durch Artikel über solche Diäten verdrängt, die dem Menschen bei der Bekämpfung von Krankheiten helfen. Offensichtlich gewinnt eine Bewegung an Boden, die sich mit gesunder Ernährung nicht nur als einer Methode zur Heilung von Erkrankungen befaßt, sondern auch als eine wirksame Methode präventiver Krankheitsbekämpfung.

Prinzip dieser Bewegung ist die Verwendung natürlich gezüchteter und biologisch vollwertiger Nahrungsmittel im Unterschied zu weniger wertvollen, biologisch toten Nahrungsmitteln voll mit Konservierungs- und Schädlingsbekämpfungsmitteln, Farbstoffen und anderen schädlichen Zusätzen.

Innerhalb der Bewegung für möglichst natürliche Ernährung bildeten sich mehrere Richtungen aus. Die einen empfehlen, daß in der Ernährung Nahrungsmittel tierischen Ursprungs vertreten sein sollten, während die anderen eine Ernährung ausschließlich pflanzlichen Ursprungs bevorzugen. Spricht man von der Zubereitungsart, meinen die einen, man solle überwiegend gekochte Speisen essen, wobei die anderen die Notwendigkeit des Verzehrs roher Nahrungsmittel betonen. Bei all diesen Varianten kommt der Durchschnittsmensch kaum mit und wird in Verlegenheit gebracht, wenn er sich für eine Ernährungsart entscheiden soll.

Ungeachtet der Ernährungsweise, für die er sich entschlossen hat, sollte der Mensch darauf achten, daß die Ernährung dem Klima und der Jahreszeit angepaßt ist, den Anstrengungen und Aktivitäten, mit denen er beschäftigt ist, und seinem Alter. Wird die Ernährung so aufgefaßt und durchgeführt, erreicht der Mensch Harmonie mit seiner Umgebung und erfüllt dadurch die Voraussetzungen für ein inhaltsvolleres, gesünderes und glücklicheres Leben. Anpassung an die Ernährung erreicht der Mensch mittels zweier Grundprinzipien. Diese sind das der Nahrungsmittelwahl (und ihres gegenseitigen Verhältnisses innerhalb der Mahlzeit) und das der Nahrungsmittelzubereitung. Bei der Nahrungsmittelwahl werden folgende Hauptgruppen unterschieden: Vollkornprodukte, Obst und Gemüse, Hülsenfrüchte und Nahrungsmittel tierischen Ursprungs.

Radiästhesie kann nach mehreren Aspekten sehr erfolgreich in der Ernährung angewandt werden. Grundaspekt ist vor allem die Bestimmung der Vitalitätsstufe einzelner Nahrungsmittel, wenn andere Maßstäbe nicht herangezogen werden können. Die Vitalität eines Nahrungsmittels und ihr biologischer Wert werden beeinflußt durch das Alter des Nahrungsmittels, die Anwendung von Schädlingsbekämpfungsmitteln bei der Züchtung und die Art der Lagerung. Manchmal sagen schon das Aussehen des Nahrungsmittels, Konsistenz und Geruch genug über seinen Zustand aus. Handelt es sich jedoch um ein Ei oder Vollkornmehl, deren Vitalität mit der Zeit drastisch sinkt, wird nach diesen Maßstäben nur sehr schwer beurteilt werden können, ob das Ei zwei oder

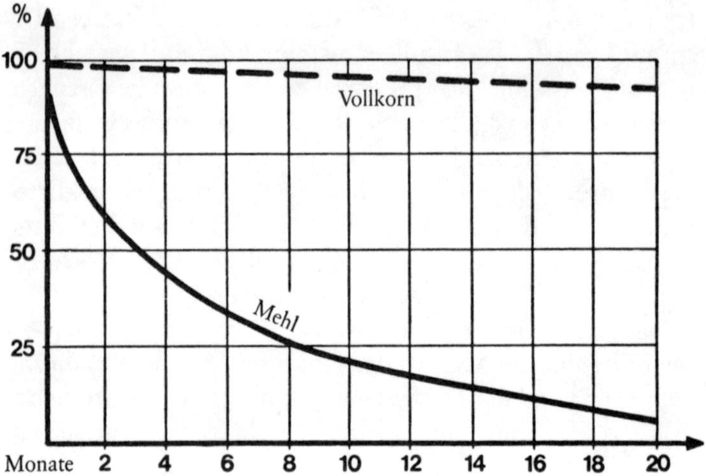

Abb. 26: Gesetzmäßigkeit der Vitalitätsveränderung beim integralen Weizenkorn

zwanzig Tage alt ist und ob seit dem Mahlen des Mehls Tage oder ein Jahr vergangen sind. Die Abbildung 26 stellt ein Diagramm dar, das die relative Vitalität des Nahrungsmittels und sein Alter verdeutlicht.

Der individuelle Aspekt angewandter Radiästhesie in der Ernährung bezieht sich auf die Affinitätsbestimmung einzelner Personen gegenüber bestimmten Nahrungsmittelgruppen oder einem Gruppenrepräsentanten, einer bestimmten Art der Speisenzubereitung oder einer bereits zubereiteten Speise. Dieser Aspekt angewandter Radiästhesie wird besonders zur Ermittlung diverser Diäten empfohlen, die einzelne Gesundheitsbeschwerden lindern oder beseitigen sollen. Hierbei kann die Veranlagung des Individuums gegenüber einer bestimmten Diät oder den innerhalb der Diät erlaubten Variationen von großer Bedeutung sein.

So gibt es Möglichkeiten, auf radiästhetischem Wege von diversen Diäten, die im konkreten Fall angewandt werden können, jene zu finden, die bei einer bestimmten Person den größtmöglichen Effekt erzielt. Diese Art der Auswahl wird empfohlen, wenn auf andere Maßstäbe nicht zurückgegriffen werden kann. Außerdem kann man innerhalb einer bestimmten Diät die angezeigte Menge bestimmter Nahrungsmittel pro Mahlzeit und die Zubereitungsart festlegen. Die gewählte Zubereitungsart potenziert die vitalen Eigenschaften des Nahrungsmittels. Empfehlenswert ist es, solche Prüfungen von einem Diätetiker mit radiästhetischer Erfahrung durchführen zu lassen oder in Zusammenarbeit mit einem Diätetiker.

Im folgenden Text werden einige Beispiele aus der radiästhetischen Praxis angeführt.

Erstes Beispiel

Orientierung: Durchgeführt wird eine radiästhetische Prüfung der relativen Vitalität einer Probe Vollkornmehls. Als Vorlage dient ein Diagramm in Form einer halben Richtungsrosette mit angegebenen Prozenten. Als Instrument dient das Pendel.

Konvention: Ganzes Weizenkorn, ein Jahr alt, hat eine Vitalität von 100 Prozent. Mehl aus Weizenvollkorn, das in einer Steinmühle gemahlen wurde, hat unmittelbar nach dem Mahlgang 95 Prozent, nach zwei Monaten 60 Prozent und nach einem Jahr nur noch 20 Prozent der Vitalität. Das Pendel soll auf der Richtungsrosette am Diagramm den Vitalitätsprozentsatz der Probe anzeigen.

Informationsanforderung: Frage: »Wie hoch ist die Vitalität des Weizenmehls, dessen Muster ich in der Hand halte?« – Hierbei hält der Radiästhesist das Muster in der linken Hand, und die rechte mit dem Pendel verharrt über dem Diagramm.

Kommentar: Das Pendel hat angezeigt, daß das Weizenmehlmuster 30 Prozent der Weizenvollkornvitalität besitzt. Das würde bedeuten, daß das geprüfte Mehl vor etwa acht Monaten gemahlen wurde und wegen des relativ niedrigen Vitalitätsprozesses seine Anwendung nicht in Betracht kommt.

Zweites Beispiel

Orientierung: Vorgenommen wird die radiästhetische Prüfung des optimalen Anteils einzelner Nahrungsmittel am gesamten Mahlzeitvolumen für die Person K. M. Die Prüfung erfaßt folgende Nahrungsmittelgruppen: Vollkorn, Gemüse, Hülsenfrüchte, Nahrung tierischen Ursprungs und Obst. Jede Gruppe ist durch entsprechende Aufschrift auf Papier vertreten. Als Vorlage dient ein Diagramm zur Prozentbestimmung. Die Person K. M. wird durch ein Photo repräsentiert, als Instrument wird das Pendel verwandt.

Konvention: Das Pendel soll durch Bewegung über die Richtungsrosette am Diagramm den Anteil einzelner Nahrungsmittel am gesamten Mahlzeitvolumen anzeigen. Die Aufschriften einzelner Nahrungsmittelgruppen sind über dem Diagramm angeordnet.

Informationssuche: Frage: »Zu welchem Prozentsatz soll Vollkorn am gesamten Mahlzeitvolumen der Person K. M. beteiligt sein?« – Der Radiästhesist hält, indem er diese Frage stellt, in der linken Hand das Photo der Person K. M. und in der rechten das Pendel über das Diagramm.

Erster Kommentar: Das Pendel hat »bestimmt«, daß Vollkorn einen Anteil von 40 Prozent am gesamten Mahlzeitvolumens haben soll. Auf die gleiche Weise wird der jeweilige Anteil der restlichen Nahrungsmittel festgelegt.

Gemeinsamer Kommentar: Festgestellt wurde folgende Beteiligung einzelner Nahrungsmittel am gesamten Mahlzeitvolumen für die Person K. M.: Vollkon 40 Prozent, Gemüse 30 Prozent, Hülsenfrüchte 10 Prozent, Nahrungsmittel tierischen Ursprungs 15 Prozent und Obst 5 Prozent.

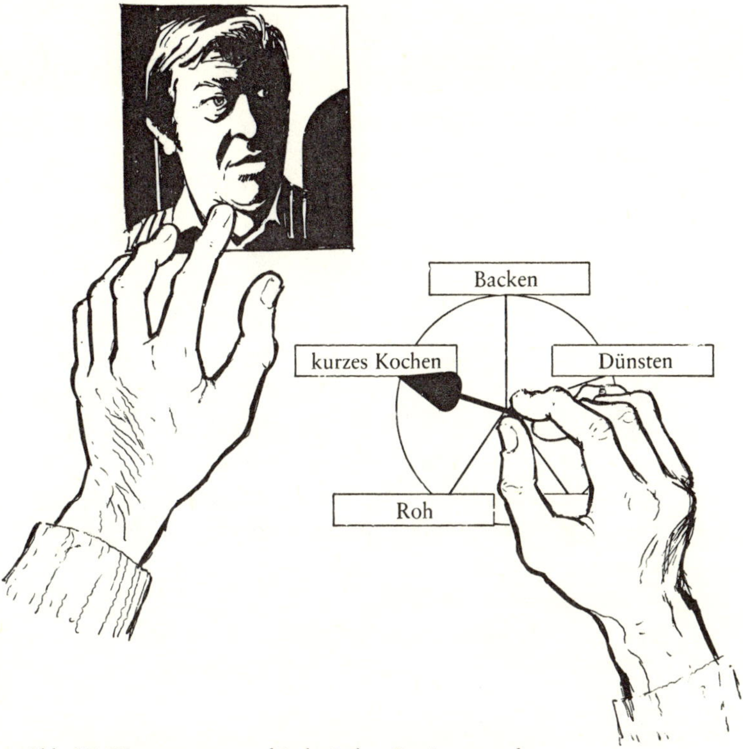

Abb. 27: Diagramm zur radiästhetischen Bestimmung der günstigsten Zubereitungsart verschiedener Lebensmittel

Drittes Beispiel

Orientierung: Die radiästhetische Prüfung soll die optimale Zubereitung einzelner Nahrungsmittelgruppen für die Person K. M. ermitteln, die bei dieser Prüfung durch ein Photo vertreten ist. Mögliche Zubereitungsarten dieser Nahrungsmittel sind: Braten, Dünsten, kurzes Kochen, Kochen im Druckbehälter und Belassung der Nahrungsmittel im Rohzustand. Die Zubereitungsart wird am Diagramm in Form einer Richtungsrosette dargestellt. Als Instrument dient das Pendel (siehe Abbildung 27).

Konvention: Das Pendel soll durch Bewegung über die Richtungsrosette die optimale Zubereitungsart von Nahrungsmitteln einzelner Gruppen anzeigen.

Erste Informationsanforderung: Frage: »Welche Zubereitungsart von Vollkorn ist am geeignetsten für die Person K. M.?« – Bei dieser Frage hält der Radiästhesist in seiner linken Hand das Photo der Person K. M., die rechte hält das Pendel über das Diagramm.

Erster Kommentar: Das Pendel hat Kochen im Druckgefäß als die optimale Zubereitungsart von Vollkorn für die Person K. M. angezeigt.

Mit gleichem Verfahren werden Zubereitungsweisen für Nahrungsmittel der übrigen Gruppen festgelegt.

Gemeinsamer Kommentar: Ermittelt wurden folgende optimale Nahrungsmittelzubereitungen bei der Ernährung der Person K. M.: für Vollkorn und Hülsenfrüchte Kochen im Druckgefäß, für Gemüse kurzes Kochen, für Nahrungsmittel tierischen Ursprungs Dünsten, für Früchte Belassung im Rohzustand.

Vorteilhaft ist es, möglichst oft eine radiästhetische Prüfung der Nahrungsmittelwahl, ihres Anteils an der Mahlzeit und ihrer Zubereitungsart in innerhalb bestimmter Grenzen eines Diätsystems erlaubten Variationen vorzunehmen, denn die einmal für eine bestimmte Person festgelegten Elemente ändern sich – wie eingangs gesagt – mit der Jahreszeit, dem Gesundheitszustand, durch neue Aktivitäten usw.

Geobiologie

Das System des eintönigen Lebens, umzingelt von Beton, Stahl, Glas, Lärm und Smog, in ständiger seelischer Anspannung, unterbrach fast jede Verbindung des Menschen zu Elementen der Natur. Die Umgebung beeinflußt den Menschen zunehmend weniger positiv, während ihre negative Wirkung ständig wächst und heute fast schon katastrophale Ausmaße erreicht.

Die Geobiologie ist eine verhältnismäßig junge wissenschaftliche Disziplin, die sich mit der Erforschung geologischer Bedingungen und ihrer Einwirkungen auf den Menschen und die gesamte Pflanzen- und Tierwelt beschäftigt. Während des Entstehungsprozesses des Planeten Erde und später während seiner Entwicklung entstanden allmählich Bedingungen einer ungestörten Evolution des Menschen. Diese Bedingungen ergaben sich aus dem Zusammenspiel geobiologischer Elemente der Gravitation, dem Puls des geomagnetischen Feldes und der Richtung und Stärke des elektrischen Feldes.

Der Mensch erhielt durch die Entwicklung des Verstands die Chance, seine Aktivitäten mit der Natur abzustimmen, mit ihr harmonisch zusammenzuleben oder aber sich gegen sie zu wenden. Allem Anschein nach entschied sich der Mensch für die zweite Möglichkeit. Im letzten halben Jahrhundert begann er, durch einige seiner Aktivitäten ernsthaft das natürliche Gleichgewicht seiner Umgebung zu zerstören, darunter auch das geologischer Gegebenheiten. Die entstellte und zerstörte Umgebung wirkt zunehmend negativer auf den Menschen und beginnt, sein Dasein zu bedrohen.

Durch die Umweltverschmutzung, Explosionen von Neutronenbomben, durch inhumanen unbiologischen Ausbau seiner Wohnanlagen, Transportwege und Industrien hat der Mensch die natürlichen Lebensbedingungen in unnatürliche verwandelt. Durch solche Aktivitäten greift er nicht nur das biologische Gleichgewicht der breiteren Umgebung an, sondern »isoliert« sich selbst durch inhumanen Ausbau und Einkleidung in synthetische Panzer von positiven geologischen Einflüssen.

Im Rahmen der Geobiologie beschäftigt man sich unter anderem mit geopathogener Strahlung, im weiteren Text »GPS« genannt, und der Baubiologie.

Die Verbundenheit der Radiästhesie mit der Geobiologie beziehungsweise der Baubiologie manifestiert sich im Problem der Einwirkung der GPS auf die menschliche Gesundheit. Während sich Radiästhesie mit der GPS-Detektion befaßt, beschäftigt sich die Baubiologie mit dem Einfluß der Bauweisen von Objekten, die Aufenthaltsorte von Menschen sind, auf deren Gesundheit. Bei der Erforschung dieser Einflüsse wurde festgestellt, daß die Bauweise die Auswirkung von GPS wesentlich beeinflußt. Mit solcher Aktivität lenkte Geobiologie die Aufmerksamkeit der Alternativmedizin auf sich, die die besondere Bedeutung des Umwelteinflusses auf die menschliche Gesundheit erkannt hat.

Durch die Erforschung der GPS und ihres Einflusses auf die menschliche Gesundheit versucht die Geobiologie das Gefüge dieser Strahlung aufzudecken, – Gesetzmäßigkeiten ihrer Verbreitung, die Art des schädlichen Einflusses auf Menschen, die Pflanzen- und Tierwelt zu verstehen und Möglichkeiten des Schutzes vor ihrer Wirkung zu finden. In einigen anerkannten geobiologischen Institutionen in der Welt wird schon seit einigen Jahren dieses Phänomen auf wissenschaftlicher Basis erforscht.

Wegen seiner Komplexität ist dieses Naturphänomen wissenschaftlich noch immer nicht zufriedenstellend geklärt. Bisherige Forschungsergebnisse haben jedoch gezeigt, daß eine offenkundige Verbindung zwischen einzelnen Zonen an der Erdoberfläche und erhöhter Häufigkeit von Erkrankungen jener Personen besteht, die sich länger in diesen Zonen aufhalten. Zahlreiche Experimente in geobiologischen Instituten haben gezeigt, daß auch die Mehrzahl der Tier- und Pflanzenarten auf diese Zonen negativ reagiert.

Im Sinne einer Beförderung der Lebensbedingungen richtete man vor etwa zehn Jahren die »Baubiologie« als einen Fachbereich der Geobiologie ein. Mit neuen Ideen zur Verwirklichung eines natürlichen und humanen Wohnbaus setzt sie sich für eine Berücksichtigung des Einflusses der Umgebung auf das physische und psychische Wohlbefinden des Menschen ein. Da einige Postulate des biologischen Ausbaus im Gegensatz zu der heute herrschenden Praxis stehen, stoßen die Bestrebungen, Kenntnisse über positive Einflüsse in die Baupraxis umzusetzen, auf erbitterten Widerstand ungenügend informierter Architekten- und Bauingenieurkreise. Geologisch oder baubiologisch begründete Postulate widersprechen den als gültig angesehenen technologischen Lösungen und der Bauökonomik. Der ökonomische Verstand tritt hier aber viel zu kurz, da er, auf gegenwärtige Bedingungen fixiert, erhebliche Vorteile übersieht, die sich längerfristig zumindest volkswirtschaftlich einstellen werden, wenn baubiologisch begründete Kostensteigerungen sich durch eine Verbesserung des Gesundheitszustandes der Bevölkerung mehr als bezahlt gemacht haben.

Quellen geopathogener Strahlung

Die Quellen geopathogener Strahlung kann man in zwei grundlegende Gruppen einteilen:

- primäre und
- sekundäre GPS-Quellen.

Primäre GPS tritt als direkte Auswirkung radiatischer Einwirkung auf; sekundäre Strahlungen sind Auswirkungen des Zusammenspiels der Primärstrahlung und anderer Bedingungen und entstehen beim Auftreffen der Primärstrahlungen auf ein Hindernis.

Es gibt drei Gruppen primärer GPS:

- GPS der unterirdischen Wasserläufe,
- GPS des geologischen Bruches und
- GPS als Produkt gemeinsamer Wirkung des schädlichen Spektrumteils der Sonnen- und Kosmosstrahlung und magnetischer und anderer Gegebenheiten unseres Planeten.

Keine dieser GPS-Formen ist bis heute gänzlich wissenschaftlich erforscht, so daß, beruhend auf langjähriger Beobachtung, im weiteren Text bloß Voraussetzungen des Auftretens dieser Strahlungsform und einige ihrer Begleiterscheinungen namhaft gemacht werden können.

GPS unterirdischer Wasserläufe

In der Benennung dieser GPS-Form wird absichtlich betont, daß es sich um »Läufe« handelt und nicht um ein stehendes unterirdisches Gewässer. Die Entstehung dieser Strahlungsform hängt nämlich mit der Durchflußdynamik unterirdischen Wassers zusammen. Unterirdische »Behälter« mit stehendem Wasser sind nicht Quellen solcher Strahlung.

Neben der Durchflußdynamik unterirdischen Wassers scheint auch die Mineralzusammensetzung des vom Wasserdurchlauf durchströmten Bodens sowie die Zusammensetzung des Wassers selbst von Bedeutung zu sein. Die Beobachtung der GPS-Intensität bei unterirdischen Wasserläufen zeigte, daß sie zur Durchflußgeschwindigkeit nicht immer proportional ist. Unterirdische Gewässer mit schwächerem Durchfluß können stärkere GPS-Quellen sein als unterirdische Gewässer mit größerem Durchfluß. Forschungen ergaben, daß die pathogene Strahlung eines unterirdischen Wasserlaufs um so stärker ist, je turbulenter sich der Durchfluß gestaltet. Besonders stark ist sie, wenn die Grenze zweier heterogener Schichten durchquert wird.

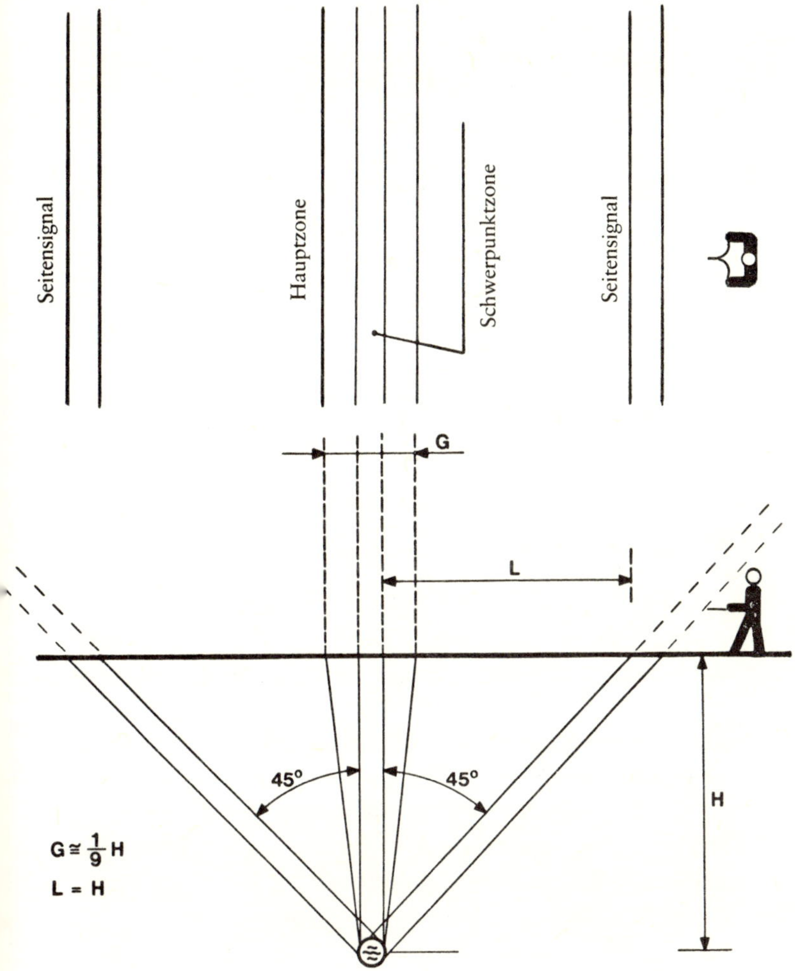

Abb. 28: Annahme über die Gesetzmäßigkeit eines unterirdischen Wasserlaufs

Allgemein herrscht die Auffassung, daß dem GPS unterirdischer Gewässer Orte in Hügellagen oder am Fuß von Gebirgen stärker ausgesetzt sind als Orte im Flachland. Es gibt auch bestimmte geographische Regionen großer Häufigkeit intensiver Quellen der GPS bei unterirdischen Wasserläufen.

Besonders intensive GPS tritt auf, wenn sich zwei unterirdische Wasserläufe kreuzen, die sich aufgrund von Erdbeben oder Sprengarbeiten verschieben.

Die GPS unterirdischer Wasserläufe unterliegt bei ihrer Ausbreitung von der Quelle zur Erdoberfläche bestimmten Gesetzmäßigkeiten. So verzeichnet man oberhalb des unterirdischen Wasserlaufs die Haupt- oder Schwerpunktzone. In verschiedenen Winkeln zu ihr breitet sich die Strahlung der Seitensignale aus. Deren Verbreitung geschieht symmetrisch zu beiden Seiten der Schwerpunktzone. So verläuft beispielsweise das erste Seitensignal unter einem Winkel von 45 Grad. Die Abbildung 28 zeigt in Vereinfachung die Strahlungsgesetzmäßigkeit des unterirdischen Wasserlaufs.

GPS des geologischen Bruchs

Geologischer Bruch oder Verwerfung entsteht durch tektonische Störungen, die zu Sprüngen in der Erdoberfläche und Verschiebungen unterschiedlicher Erdschichten führen. Unmittelbar in Berührung stehende Erdschichten unterschiedlicher Zusammensetzung verursachen unter anderem die Entstehung einer ausgerichteten geopathogenen Strahlung, die sich von der Bruchstelle senkrecht zur Erdoberfläche ausbreitet. An diesen Stellen wird meistens auch radioaktive Strahlung wahrgenommen. Die Abbildung 29 zeigt verschiedene Entstehungsmöglichkeiten eines geologischen Bruchs.

GPS als Produkt der Kosmosstrahlen

Diese GPS-Form ist weniger bekannt, und erst vor etwa fünfzig Jahren fing man an, ihr Aufmerksamkeit zu schenken, obwohl sie nach einigen Angaben bereits bei alten Zivilisationen bekannt war. Im Unterschied zu den bisher beschriebenen Formen ist sie an jeder Stelle der Erdoberfläche in bestimmter, fast geometrischer Anordnung präsent.

Die Erklärung der Entstehung dieser Strahlungsform soll bei der Tatsache ansetzen, daß das Leben an der Erdober-

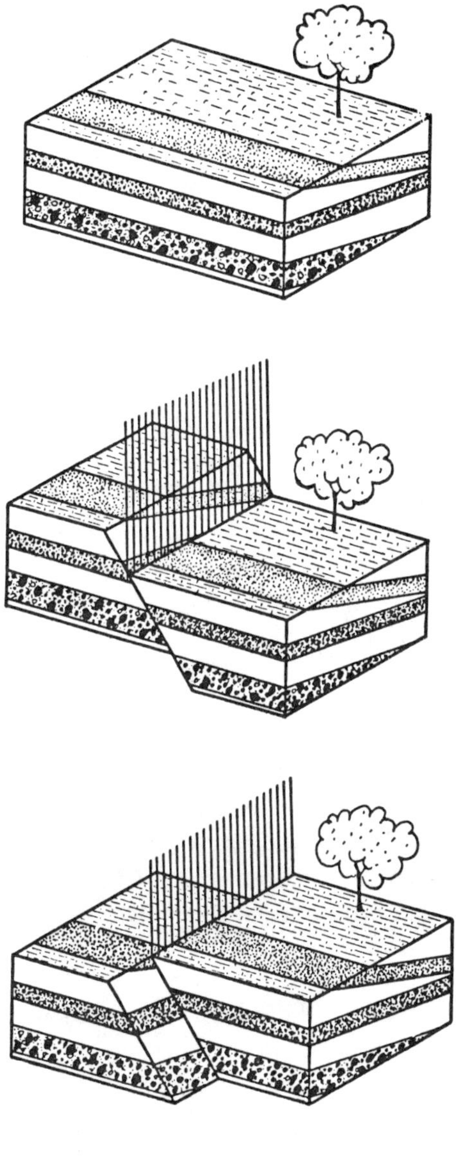

Abb. 29: Verschiedene geologische Brüche als Folge tektonischer Störungen

fläche entstand und sich erst nach der Ausbildung der Erdatmosphäre beziehungsweise der Ozonhülle zu entwickeln begann. Die Ozonhülle schützt vor der Einwirkung des schädlichen Spektrumteils der Sonnen- und Kosmosstrahlung, die vor der Ausbildung dieses Schutzschildes ungehindert bis zur Erdoberfläche gelangte und unter anderem dort die Entstehung des Lebens verhinderte. Die schädliche Sonnen- und Kosmosstrahlung wird von der Ozonhülle teils absorbiert, teils reflektiert. Trotzdem gelingt es einem Teil der schädlichen Strahlung, die Ozonschicht zu durchdringen und bis zur Erdoberfläche zu gelangen. Durch verschiedene seiner industriellen Aktivitäten wirkt der Mensch destruktiv auf die Ozonhülle ein, so daß sie zunehmend durchlässiger wird für schädliche Strahlungen. Die Zerstörung der Ozonhülle wird vor allem durch die Abgase aus Überschallflugzeugen, Kernwaffenexplosionen und Verwendung chlorhaltiger chemischer Verbindungen hervorgerufen.

Ein Teil der schädlichen Strahlung, der es gelang, durch die Ozonhülle zu dringen, gerät auf seinem Weg zur Erdoberfläche unter den Einfluß deren magnetischer und elektrischer Felder. Es wird angenommen, daß diese diffuse Strahlung sich unter diesem und dem Einfluß anderer geologischer Gegebenheiten oberhalb der Erdoberfläche durch eine Art Reflexion zu engen, konzentrierten Strahlungszonen ausbildet. Sie stehen annähernd senkrecht zur Erdoberfläche und bilden ein Gefüge unsichtbarer Wände, die tief in die Erde eindringen und bis zur Biosphäre hoch reichen.

Eines der bedeutenden Systeme der so entstandenen geopathogenen Strahlung ist das globale Strahlungsnetz, oder das »Hartmannsche Strahlungsnetz«. Diese GPS-Form wurde nach dem deutschen Forscher Dr. med. Ernest Hartmann benannt. Die Strahlungszonen dieses Systems sind etwa 20 cm breit und verbreiten sich in den Richtungen Nord/Süd und Ost/West. Für die mitteleuropäische geographische Breite beträgt der Abstand der Parallelzonen Nord/Süd etwa 2,5 Meter, bei den parallellaufenden Ost/West-Zonen 2 Meter. Die Abstände variieren je nach geographischer

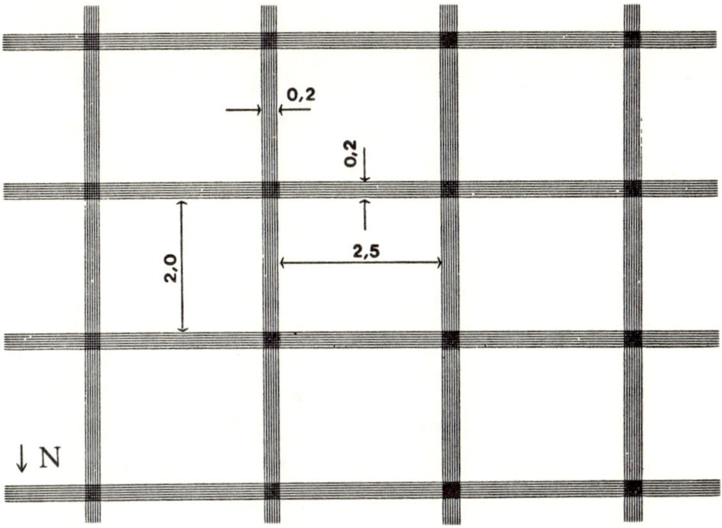

Abb. 30: Globalnetz der geopathogenen Strahlung auf der Erdoberfläche

Abb. 31: Globalnetz der geopathogenen Strahlung und das Netz nach Curry

Breite. Die Abbildung 30 zeigt uns das globale Netzsystem der GPS auf der Erdoberfläche. Am intensivsten ist bei diesem Netz die Strahlung dort, wo sich die Nord/Süd- und Ost/West-Strahlungszonen kreuzen. Diese Stelle wird als Knotenpunkt des globalen Strahlungsnetzes oder als »Hartmannscher Knoten« bezeichnet.

Neben dem globalen GPS-Netzsystem besteht auch ein sogenanntes Curry Netzstrahlungssystem, benannt nach seinem Entdecker Dr. Manfred Curry. Dieses Strahlungsnetz hat auch seine Gesetzmäßigkeiten auf der Erdoberfläche. Einige Autoren bringen die Gesetzmäßigkeit ihres Bestehens mit der Gesetzmäßigkeit des globalen Netzsystems der GPS in Verbindung. Die Strahlungszonen dieses Netzes erstrecken sich etwa in Richtung der Nordwest/Südost- und der Südwest/Nordost-Achse. Die Abbildung 31 verdeutlicht das Verhältnis dieser beiden Systeme zueinander. Nach einigen Forschungen hat in diesen Netzsystemen jede vierte Zone verstärkte Intensität.

Sekundäre GPS-Quellen

Sekundäre GPS-Quellen entstehen, wenn primäre GPS auf ein Hindernis trifft. Stärkste GPS entsteht, wenn das Hindernis aus Metall besteht. Dieser Strahlungsart sind Menschen vor allem in modernen Wohnbauten ausgesetzt, die viel Betonstahl, viele Metallverkleidungen und metallbeschichtetes Glas haben. Auch technische Einrichtungen können zur Quelle sekundärer GPS werden, wenn sie dem direkten Einfluß primärer Strahlung ausgesetzt sind, beispielsweise ein Kühlschrank, ein Fernseher oder ein anderes Haushaltgerät. In diesem Fall wird die Strahlung weitaus schädlicher sein als die Strahlung des elektrischen Gerätes allein.

Ungenügende Kenntnisse des GPS-Gefüges zeigen sich auch in der Deutung seiner Wirkung auf den menschlichen Organismus. Der Mensch wurde eigentlich zur Erforschung dieses natürlichen Phänomens dadurch angeregt, da er bemerkte, daß in einigen Häusern Leute weit häufiger erkrankten und starben als in anderen der gleichen Siedlung. Es geschah auch, daß an gleicher Liegestätte drei oder vier Generationen an den Folgen fast der gleichen Krankheit starben. Zu diesen Beobachtungen gelang der Mensch erst, nachdem er die geräumigen Strohmatten gegen das Bett ausgetauscht und sich damit um die Möglichkeit gebracht hatte, die GPS-Einflußstelle, an der er sich nicht geborgen fühlte, in der Nacht spontan verlassen zu können.

Wie soll man definieren, was GPS eigentlich ist? Unter GPS verstehen wir eine bisher noch ungenügend erforschte biologisch aktive Energieform, die durch Strahlen schädigend auf den Menschen und die gesamte Pflanzen- und Tierwelt einwirkt. Alle Vermutungen über den Wirkungsmechanismus der GPS stimmen darin überein, daß in der Wirkungszone ein harmonisches Funktionieren lebender Organismen unmöglich ist.

Das Experiment von Dr. Hartmann und Dr. Yonny mit 24000 Mäusen belegt signifikant die Verbindung zwischen Tiererkrankungen und GPS-Lokation. Diese Wissenschaftler stellten, nachdem sie das globale Netzsystem der GPS geortet hatten, die Hälfte der Mäusekäfige an Knotenpunkte des Netzsystems, also an Stellen intensivster Strahlung auf, während sie die zweite Hälfte der Mäusekäfige zur Kontrolle in neutralen Zonen beließen.

Bei beiden Mäusegruppen war zu Beginn des Experiments die gleiche Anzahl von Tumorzellen festgestellt worden. Bei Tieren, die sich in der Wirkungszone der GPS befanden, entwickelten sich die Tumore viel rascher, um bei ihnen allen nach vierzig Tagen zum Tod zu führen. Bei der Kontrollgruppe der in neutralen Zonen untergebrachten Mäuse entwickelten sich die Tumore in den ersten Tagen rückläufig. Nach einer Stabilitätsperiode erfolgte in 70 Prozent der Fälle schließlich die Heilung.

Dr. Yonny führte noch ein weiteres interessantes Experiment durch, diesmal mit Pflanzen. Er beobachtete die Keimfähigkeit von Gemüsesamen in bezug auf die GPS-Wirkung. Die in der folgenden Tabelle angegebenen Ergebnisse zeigen, daß der in der Wirkungszone der GPS gesäte Samen erheblich schlechter keimte als der in »neutraler Zone« gesäte. Als besonders ausgeprägt erwies sich dieser Einfluß bei Bohnen und Rettich.

Name der Pflanze	Gesamtzahl gesäten Samens	Gekeimter Samen			
		in neutraler Zone		unter GPS-Wirkung	
		Anzahl	Prozent	Anzahl	Prozent
Erbsen	595	169	28	126	21
Gurken	475	142	30	78	16
Bohnen	50	18	36	2	4
Rettich	110	43	39	7	6

Dr. Hartmann hatte schon in den fünfziger Jahren festgestellt, daß der menschliche Organismus auf GPS-Einwirkung unter anderem mit erhöhtem Körperwiderstand auf den Durchgang von Gleichstrom reagiert. Diagramme, auf denen er stufenweise Widerstandsänderungen in bezug auf die Aufenthaltszeit in geopathogener Zone verzeichnete, nannte er Geo-Rhythmogramme.

Die Messungen wurden mit Hilfe eines adaptierten Ohmmeters mit einer 2-V-Spannung und Kontakverbindungen an beiden Armen der Versuchsperson durchgeführt. Das Geo-Rhythmogramm (vgl. Abbildung 32) veranschaulicht den Widerstandsanstieg des menschlichen Körpers auf Durchgang von Gleichstrom in geopathogener Zone. Nach dem Austritt aus dieser Zone sinkt der Körperwiderstand nach einer Eingewöhnungszeit wiederum auf den Normalwert.

Eigene Beobachtungen des GPS-Einflusses auf den

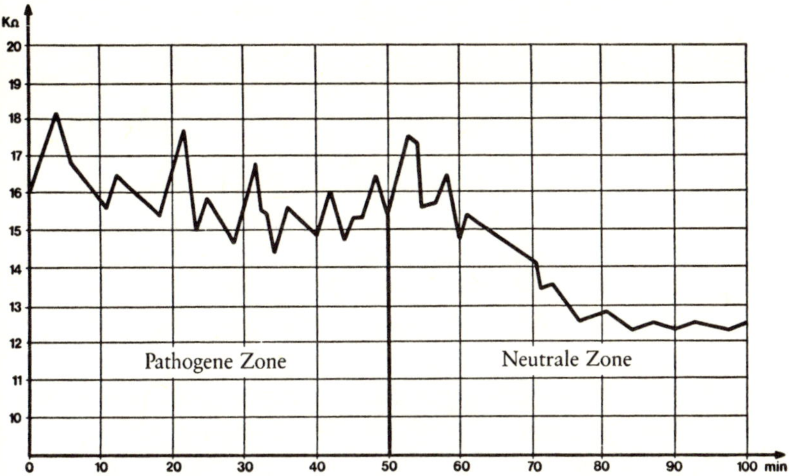

Abb. 32: Georhythmogramm: Darstellung des Widerstands des menschlichen Körpers in bezug auf den Durchfluß des Gleichstroms

menschlichen Organismus und eine dabei geführte Statistik belegen, daß dieser Einfluß beziehungsweise seine Effekte auf den Organismus einer Reihe von Faktoren zu verdanken sind, deren einflußreichste sind:

- Intensität der GPS,
- die Zeitspanne des Aufenthaltes unter GPS-Einwirkung,
- persönliche Empfindlichkeit auf GPS,
- Zeitpunkt (Tag oder Nacht) des Aufenthaltes unter GPS-Einwirkung,
- die dem GPS-Einfluß ausgesetzten Körperteile,
- Einwirkung von Außenfaktoren,
- Stufe des biologischen Ausbaus des zum Aufenthalt bestimmten Objekts und
- Anordnung der Liegestätte in bezug auf die Himmelsrichtungen.

Je intensiver die Strahlung ist, deren sich der Körper aussetzt, desto früher wird man Folgen ihrer Wirkung spüren. Bewanderte Radiästhesisten haben bei der GPS-Detektion Meßmethoden der Strahlungsintensität entwickelt. Die Zeit, während der man der GPS ausgesetzt ist, wird üblicherweise in Jahren angegeben.

Je länger diese Exposition dauert, desto größer ist begreiflicherweise auch die Strahlungswirkung. Oft wird von weniger bewanderten Radiästhesisten eine Zeitspanne von sieben bis acht Jahren angegeben, nach der erste GPS-Folgen zu spüren seien. Das stimmt nicht. Von einer Reihe von Faktoren ist es abhängig, in welcher Zeit Folgen der GPS-Strahlung eintreten. Einer wird die Folgen bereits nach zwei Jahren spüren, der andere erst nach fünfzehn Jahren.

Von persönlicher Empfindlichkeit des Organismus einer bestimmten Person wird es vielleicht am meisten abhängen, nach wie langer Zeit eine GPS-Wirkung eintritt und von welcher Intensität sie ist. Je höher die Empfindlichkeit, desto höher auch die Strahlungswirkung. Das ist nicht erstaunlich. Ähnliches geschieht ja zum Beispiel bei der Zigarettenabhängigkeit: Eine empfindliche Person wird die schädliche Nikotinwirkung früher als eine weniger empfindliche Person spüren, vorausgesetzt eine gleich große Menge gerauchter Zigaretten.

Da sich die GPS-Intensität innerhalb von 24 Stunden periodisch verändert, wird es nicht egal sein, ob der menschliche Organismus ihrer Wirkung an der Arbeitsstelle (Tagesarbeit) oder an der Schlafstätte in der Nacht ausgesetzt ist. Dem Diagramm in Abbildung 33 ist zu entnehmen, daß die GPS-Intensität nachts drei- bis fünfmal so ausgeprägt ist wie tagsüber. Am stärksten ausgeprägt ist sie nachts zwischen 2 und 4 Uhr. In der Regel entstehen Beschwerden an jenen Körperteilen, die der pathogenen Zone ausgesetzt sind.

Die Folgen sind geringer, wenn dieser Zone zum Beispiel die Beine ausgesetzt sind, als wenn es um den Kopf, Brustkorb oder Bauch geht. Nach einigen Autoren ist der GPS-Einfluß besonders ausgeprägt, wenn seiner Zone der Kopf, genauer die Hypophyse, ausgesetzt ist.

In Radiästhetikerkreisen, speziell jenen, die sich mit der Erkennung der GPS befassen, hat sich die Meinung eingebür-

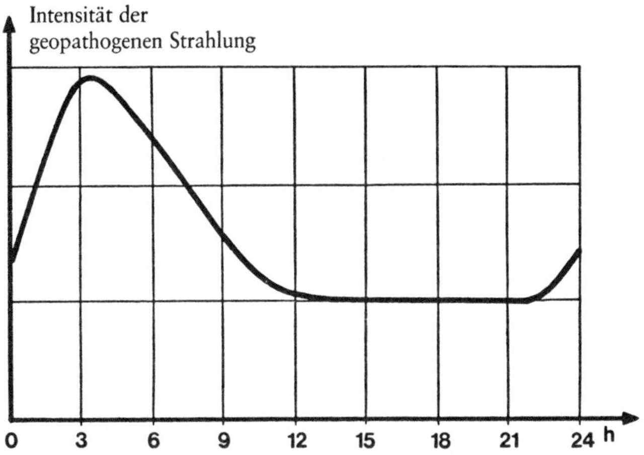

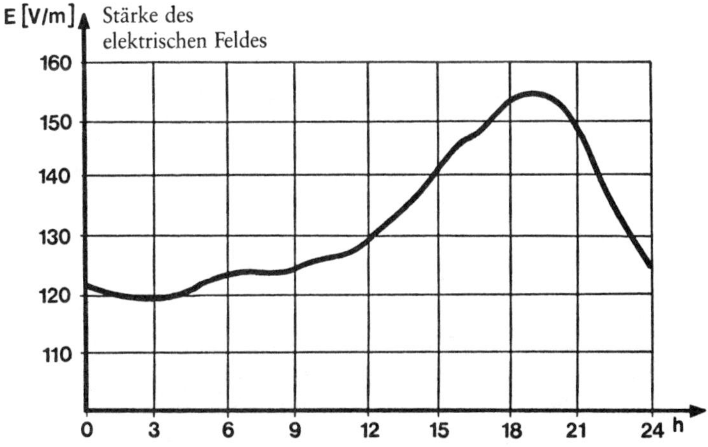

Abb. 33: Gesetzmäßigkeit der Intensitätsänderung der pathogenen Strahlung und der Stärke des elektrischen Feldes auf der Erdoberfläche während 24 Stunden

gert, daß diese GPS die häufigste und nahezu ausschließliche Ursache von Beschwerden und Erkrankungen ist, besonders der schwereren. Obwohl an Orten, an denen sich schwer erkrankte Leute längere Zeit befanden, das Bestehen der GPS festzustellen war, kann so etwas nicht behauptet werden. Die

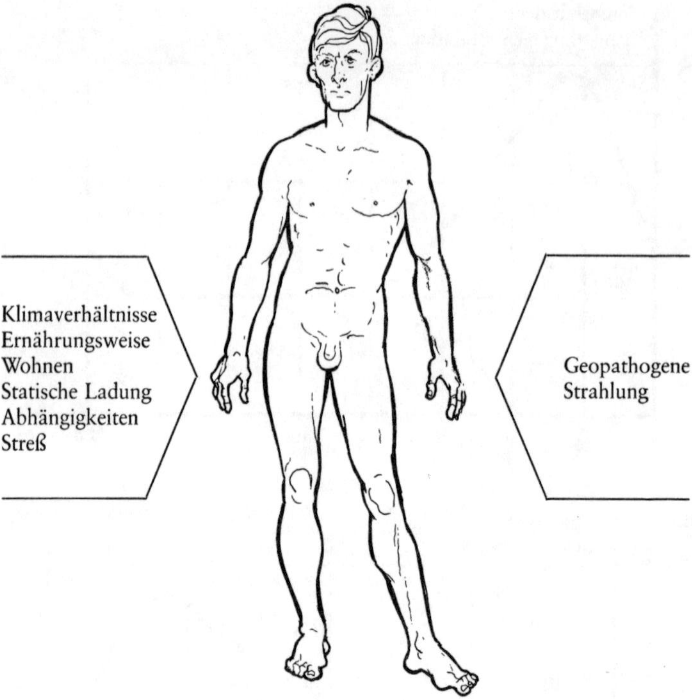

Abb. 34: Einfluß der exogenen Faktoren auf den Menschen

Erfahrung in Forschungen auf diesem Gebiet zeigt, daß der GPS-Einfluß nur einer einer ganzen Reihe schädlicher Außenfaktoren ist, denen der Mensch täglich ausgesetzt ist und diese durch gemeinsames Einwirken nach dem Prinzip des multifaktoriellen Effekts zu Beschwerden oder Erkrankungen führen. Bei sensibleren Menschen wird die GPS-Wirkung vermutlich einen größeren Einfluß als andere Faktoren haben. Schlechte Umweltbedingungen, falsche Ernährung und diverse Abhängigkeiten werden die GPS-Wirkung nur mehr verstärken oder auch zum Beispiel den schädlichen Einfluß des Rauchens oder falscher Ernährung potenzieren. Nur in Ausnahmefällen kann die GPS alleinige Erkrankungsursache sein.

Die Bauweise zum menschlichen Aufenthalt bestimmter Gebäude ist auch ein sehr wichtiger Faktor, der den GPS-Einfluß herabsetzen oder verstärken kann. Biologisch richtige Bauweise und die Vermeidung von Metall, Beton und verschiedener synthetischer Materialien trägt zu einer Herabsetzung des GPS-Einflusses bei. In Objekten, die hauptsächlich aus erwähnten Stoffen erbaut wurden, kommt es auch zu sekundärer Strahlung. Eine günstige Körperlage beim Schlafen kann in bezug auf die Himmelsrichtungen die GPS-Wirkung beeinflussen.

Es scheinen sich Meinungen eingebürgert zu haben, daß der GPS-Einfluß fast ausschließlich karzinogene Erkrankungen hervorruft, obwohl Befunde vieler Autoren eindeutig belegen, daß auch alle anderen Erkrankungen durch die GPS-Wirkung mitverursacht werden können. So wurde beispielsweise bei epidemischen Erkrankungen festgestellt, daß Leute, die sich in »neutralen« Zonen aufhielten, in viel geringerer Anzahl erkrankten als jene, die unter dem Einfluß der GPS standen.

Folgen der GPS-Wirkung werden spürbar, wenn man sich längere Zeit ihrer Wirkung ausgesetzt hat. Allerdings kann unter bestimmten Gegebenheiten der menschliche Organismus auch augenblicklich beim Eintreten in die pathogene Zone reagieren, ähnlich wie der Radiästhetiker bei der Detektion dieser Zonen reagiert. In diesem Zusammenhang ist die Auffassung polnischer Wissenschaftler zum Phänomen der »Tarnowschen Todeszone« interessant.

So wird das Gebiet auf der Autobahn bei Tarnow, östlich von Krakau genannt, wo sich Verkehrsunfälle häuften. Auf dieser Stelle haben polnische Radiästhetiker intensive Strahlungen einiger unterirdischer Wasserläufe entdeckt. Die Wissenschaftler vermuteten, daß diese Strahlung empfindliche und erschöpfte Fahrer beeinflußte, was zu unbewußter Verkrampfung ihrer Muskeln und plötzlichem Absinken des Augendrucks und damit zur Sichtbehinderung mit gefährlichen Folgen führte.

Bei der Erforschung des GPS-Einflusses auf den menschlichen Organismus fallen einige charakteristische Symptome als Folge längeren Aufenthalts in geopathogenen Zonen auf. Natürlich können diese Symptome auch durch andere Einflüsse verursacht werden. Falls diese Symptome keine genau diagnostizierte Ursache haben, dann verweisen sie auf die Wahrscheinlichkeit, daß man der GPS ausgesetzt ist. Es seien einige Symptome aufgelistet, die sich meistens als Folge der GPS ergeben:

- Abneigung gegen das Bett;
- unruhiger Schlaf und Nachtmähren;
- Aufwachen in der Zeit zwischen 2 und 4 Uhr;
- Müdigkeit und Niedergeschlagenheit beim Aufstehen;
- morgendliches Erbrechen;
- Muskelkrämpfe, verstärktes Herzklopfen im Bett, Nervosität, Depressionen usw.

Neben den angeführten Symptomen werden von einigen Autoren noch aufgezählt: kardiovaskuläre Erkrankungen, nächtlich und tagsüber auftretende Kopfschmerzen, rheumatische Störungen, systematisch unbewußtes Verlegen des Schlafplatzes auf eine Bettseite und Zähneknirschen im Schlaf, was bei kleinen Kindern besonders ausgeprägt sein kann.

Einige dieser Symptome sollten dem, der sie beklagt, Grund genug sein, das Bett in einen anderen Teil des Schlafzimmers zu verlegen. Eine Veränderung bloßer Ausrichtung des Körpers kann hier manchmal schon erhebliche Erleichterung bewirken. Wer beispielsweise bisher in Nord/Süd-Richtung mit dem Kopf nach Süden schlief, könnte nun mit dem Kopf zum Norden hin und wer bisher in Ost/West-Richtung mit dem Kopf zum Westen schlief, nun mit dem Kopf zum Osten hin einschlafen.

Radiästhetische Detektion der geopathogenen Strahlung

Zweck der GPS-Detektion ist eine Bestimmung des radiatischen Charakters aller Orte, an denen eine und dieselbe Person sich regelmäßig längere Zeit aufhält, damit gesundheitsgefährdende Stellen erkannt und vermieden werden können. Weil der Mensch in seinem Bett in der Regel sechs bis acht Stunden verbringt, sollte in jedem Fall eine Detektion des Schlafzimmers vorgenommen werden. Es ist sinnvoll, die Detektion auch am Arbeitsplatz vorzunehmen, wenn dort der größte Teil der Arbeitszeit verbracht wird, oder an Orten, wo Leute sich länger aufhalten. Orte auch kürzeren Aufhaltens können sich ebenso negativ auswirken, wenn sie sich in einer Zone besonders intensiver GPS-Wirkung befinden.

Zur Feststellung einer GPS-Lokalität werden heutzutage im wesentlichen zwei Methoden angewandt:

- objektive Meßmethode mit physikalischen Vorrichtungen (physikalische Detektion) und
- subjektive Methode radiästhetischer Messung (biophysikalische Detektion).

Die objektive Meßmethode mit physikalischen Vorrichtungen wird bereits seit etwa zehn Jahren praktiziert, und an ihrer Weiterentwicklung arbeiten Spezialisten intensiv seit fünf Jahren. Da das Gefüge der GPS noch nicht vollständig erforscht und daher im Prinzip bis heute unverstanden geblieben ist, verfügen wir immer noch nicht über Detektionsmethoden, bei denen physikalische Vorrichtungen beziehungsweise Apparate direkt die Wirkung der GPS registrieren würden. Die heute angewandten Methoden erlauben nur die Ermittlung einiger Begleiteffekte jener GPS-Zonen. So gibt es die Meßmethode nach Dr. Hartmann, das Messen der relativen Stärke eines UKW-Feldes durch Wahrnehmung der Intensitätsänderung des UKW-Signals auf bestimmten Frequenzen. Das Meßgerät selbst besteht aus einem in bestimmter Entfernung fixierten UKW-Sende- und einem Empfangsgerät. Die Messung erfolgt auf die Weise, daß der Fachmann mit dem Empfangsgerät durch den Raum geht und den Signalausschlag registriert, der genau dann geschieht, wenn die GPS-Zone sich zwischen dem Empfänger- und dem Sendeteil befindet. Die Signaländerung wird durch einen Ton oder einen Zeigerausschlag angezeigt.

Eine andere, die biophysikalische, das soll heißen physiologische Methode besteht in einer Widerstandsmessung des menschlichen Körpers bei Einwirkung von Gleichstrom; der Widerstand ist in der GPS-Wirkungszone und in neutraler Zone nicht gleich. Physikalische Detektion findet beispielsweise auch bei der Messung von Veränderungen des magnetischen Erdfeldes oder der Scintilationszählmethode statt.

Der Nachteil all dieser Methoden liegt darin, daß sie nicht direkt die Intensität der GPS messen, sondern bloß einige ihrer Begleiteffekte, die immer auch durch ganz andere Ursachen als die vermutete GPS hervorgebracht worden sein können. Darüber hinaus sind diese Methoden noch ungenügend entwickelt, ihre Anwendung kann nur unter besonderen Bedingungen stattfinden, was die Messungen selbst deutlich erschwert und eine allgemeine Anwendung unmöglich macht.

Der Mensch als biophysiologischer Detektor

Ungeachtet der Errungenschaften und Möglichkeiten objektiver Methoden kann man getrost sagen, daß der Mensch – mit seinen radiästhetischen Fähigkeiten – immer noch als Hauptdetektor geopathogener Strahlung gilt. Diese subjektive Methode radiästhetischer GPS-Detektion stellt eine der komplexesten Weisen radiästhetischer Erforschungen dar. Deren Durchführung verlangt vom Radiästhetiker vorrangig die Kenntnis aller Arten geopathogener Strahlungen und gute Handhabung des radiästhetischen Instrumentariums. Es darf nicht passieren, daß der Radiästhetiker, weil er nicht alle GPS-Grundformen und ihre Raumrhythmik kennt, bei der Detektion dieser Strahlung und Bestimmung »neutraler Zonen« Fehler macht, die nicht selten dem Radiästhetiker der »alten Schule« unterlaufen, der sich zunächst einmal mit der Detektion unterirdischer Wasserläufe befaßt, und er manchmal ausschließlich sie als alleinige GPS-Quelle verkennt. Hierin liegt zugleich eine gravierende Unkenntnis aller übrigen GPS-Arten, wenn nicht gar deren Leugnung. Eine derart einseitige und unvollständige Detektionsart kann verhängnisvolle Folgen haben, wenn beispielsweise die Liegestätte aus der detektierten Signalzone des unterirdischen Wasserlaufes auf einen Kreuzungspunkt des Globalnetzes mit höherer Strahlungsintensität oder in ein durch geologischen Bruch hervorgerufenes Strahlungsgebiet verlegt wird.

Bei der Detektion eines unterirdischen Wasserlaufes wie auch anderer GPS-Quellen sollte auch auf ihre Schädlichkeitsstufe geachtet werden. Die Schädlichkeitsstufe muß nicht immer der Durchflußmenge des Wasserlaufes entsprechen. Unter den für GPS-Detektion spezialisierten Radiästhetikern bürgerte sich eine Meßart der Schädlichkeitsstufe unterirdischer Wasserläufe und anderer GPS-Arten ein. Durch eine Sondermethode radiästhetischer Bewertung wird die Intensiät einzelner Quellen festgelegt. Der bekannte deutsche Forscher auf dem Gebiet der Radiästhesie, G. F. von Pohl, erstellte eine Skala von 1 bis 16, mit deren Hilfe die Stufe der GPS-Intensität eines unterirdischen Wasserlaufs bestimmt werden kann. Liegt die GPS-Intensität nach dieser im radiästhetischen Zyklus durch Orientierung und Konvention hergestellten Skala unterhalb der neunten Stufe, wird sie die Gesundheit nicht erheblich beeinträchtigen und sollte toleriert werden, falls beispielsweise die Bettstelle nicht verlegt werden kann. Orte, an denen die Strahlung höher als mit 9 angezeigt wird, sind unbedingt zu vermeiden. Es gibt auch andere Meßmethoden der GPS-Intensität, doch sollten nur solche angewendet werden, die als Ergebnis eine bestimmte Zahl liefern.

Einige Radiästhesisten bewerten nämlich die Intensität einzelner Quellen danach, wie stark sich die Wünschelrute oder das Pendel in der GPS-Zone dreht. Dabei kommt es dann zu

Kommentaren wie etwa: »Diese Strahlung ist so stark, daß es mir fast die Wünschelrute aus den Händen riß« oder »Die Strahlung war so intensiv, daß der Pendelfaden fast gerissen ist.« Die numerische stufenweise Bewertung der Strahlungsintensität stellt eine Konvention dar, mit der GPS-Intensitäten gleicher Art in einem bestimmten Raum präzise verglichen werden können und die auch einen Vergleich von Untersuchungen verschiedener Radiästhestetiker erlaubt.

Unerfahrene Radiästhetiker werden bei der GPS-Detektion auch leicht den Fehler machen, die im Erdgeschoß eines Objekts detektierte GPS-Lage auf das Obergeschoß oder umgekehrt zu übertragen, obwohl bei einigen GPS-Arten von Stockwerk zu Stockwerk Abweichungen auftreten können, die Detektion also separat für jede Etage vorzunehmen ist. Bei der GPS unterirdischer Wasserläufe stärkerer Intensität können außer der Schwerpunktzone auch Strahlungen des Seitensignals Einfluß haben, die in bezug auf die Schwerpunktzone unter einem Winkel von 45 Grad an die Erdoberfläche gelangen. Die Abbildung 35 zeigt den Fall, da die Strahlung des seitlichen GPS-Signals das Erdgeschoß nicht erfaßt, sondern erst im ersten Stock auftritt.

Wenn der Radiästhetiker das im Erdgeschoß detektierte Bild der GPS-Zonen auf den ersten Stock einfach überträgt, vernachlässigt er also die GPS-Detektion des Seitensignals des unterirdischen Wasserlaufs. Bei mehrstöckigen Gebäuden sollte daher unbedingt die GPS-Detektion nach Stockwerken erfolgen.

Bei der GPS-Detektion in größeren Wohnhäusern oder in einem flächenmäßig größeren Objekt ist es ratsam, eine Grundrißzeichnung im Maßstab 1:50 zu verwenden, in die der Reihe nach alle detektierten GPS-Zonen eingezeichnet werden können. Dies bedeutet eine bessere Übersicht. Man hat eine solide Grundlage für Vorschläge der Anordnung von Betten und Arbeitsplätzen. Die Einzeichnung der Nordrichtung im Grundriß erleichtert auch die Detektion, die Eintragung der Zonen des globalen Strahlungsnetzes und die richtige Bettanordnung in bezug auf die Himmelsrichtungen.

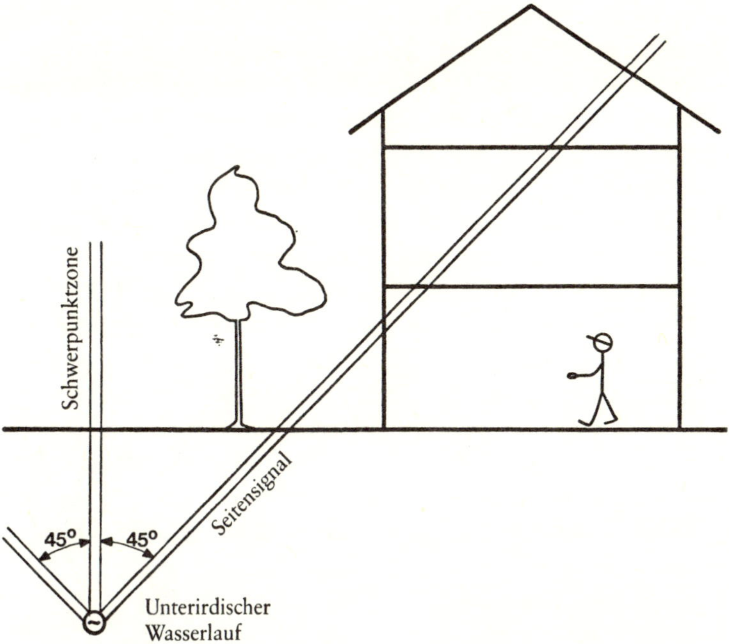

Abb. 35: Geopathogene Strahlung vom Seitensignal des unterirdischen Wasserlaufs umfaßt das erste Stockwerk, nicht das Erdgeschoß des Hauses

Falls der Radiästhetiker nicht auf diese Weise verfährt, verliert er sich leicht in der Vielzahl der bei drei oder vier detektierten GPS-Arten gewonnenen Informationen. Ist die Grundrißzeichnung – aus beliebigen Gründen – nicht verfügbar, können die GPS-Zonen mit Kreide am Boden markiert oder durch verschiedenfarbige Bänder gekennzeichnet werden. Das Markieren des Vorschlags zur Bett- und Arbeitsplatzanordnung in einzelnen Räumen vermeidet auch mögliche Mißverständnisse. Die Abbildung 36 zeigt den Grundriß eines Wohnraums mit eingezeichneten detektierten GPS-Zonen und dem Vorschlag der Bettverlegung (schraffiert wird die bisherige Anordnung dargestellt).

In meiner mehrjährigen Radiästhetikerpraxis hat sich in solchen Fällen ein Formblatt bewährt, in das alle interessanten Befunde, die Mikrolokation der GPS-Zone, die Körperlage im Schlaf in bezug auf die Strahlungszone und die Beschwerden beziehungsweise Erkrankungen der betreffenden Person eingetragen werden. Zusammenhänge zwischen diesen Größen können so leichter gefunden werden.

Außerdem werden in das Formblatt die gemessene Empfindlichkeit der betreffenden Person auf GPS und die Körperlage in bezug auf die Himmelsrichtungen eingetragen. Durch den Vergleich einer größeren Anzahl solcher Befunde kann man die Verbindung zwischen der Sensibilität der Person auf GPS, die Lokation der GPS-Zone in bezug auf den menschlichen Körper, die Körperanordnung in bezug auf die Himmelsrichtungen und die Beschwerden beziehungsweise Krankheiten allein erkennen. Das Beispiel eines solchen radiästhetischen Befunds sehen wir in Abbildung 37.

Durch die Entwicklung seiner persönlichen Detektionsmethode der GPS sollte jeder Radiästhetiker unbedingt folgende Regeln beachten:

1. Durch eine bestimmte Reihenfolge und ein Bewegungssystem im Raum sollte der Radiästhetiker selektiv die GPS unterirdischer Wasserläufe des Hartmannschen Netzes, geologischer Brüche und anderer Strahlungen selektiv detektieren. Die Abbildung 38 verdeutlicht an einem einfachen Beispiel das Detektionssystem der GPS-Zonen. Der Radiästhetiker darf unter keinen Umständen gleichzeitig alle Arten von GPS detektieren.

2. Es ist am besten, wenn der Radiästhesist vor der Detektion keinerlei Kenntnisse über Erkrankungen oder Beschwerden der im erforschten Raum verweilenden Personen hat und nicht weiß, welche Person das jeweilige Bett beziehungsweise den jeweiligen Arbeitsplatz benutzt. Auf diese Weise wird die Möglichkeit einer Suggestion vermieden, die den Radiästhetiker zur Entdeckung einer fiktiven GPS-Zone bringen könnte, gerade dort, wo die Person mit bestimmten Beschwerden schläft. Erst nach been-

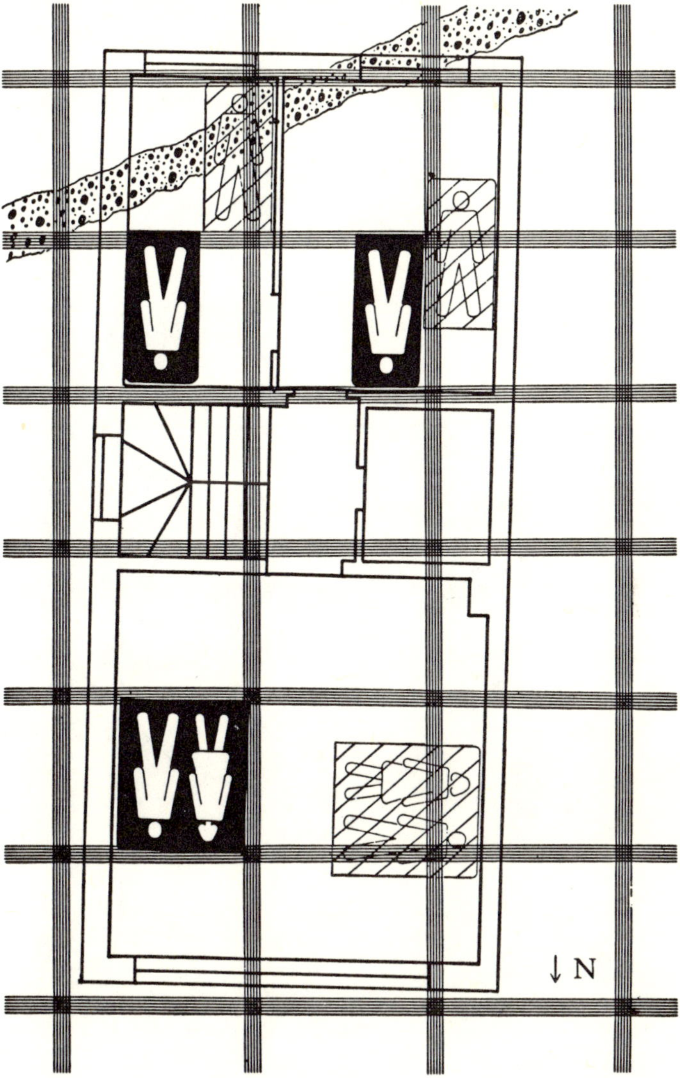

Abb. 36: Vorschlag zur Bettanordnung nach einer radiästhetischen Detektion geopathogener Strahlung

Radiästhetischer Befund Nr. 862

Grunddaten:

Vor- und Nachname:	Eva Maslaić
Anschrift:	Pronova 14 Zagreb
Alter:	47 Jahre
Diagnose:	Bronchitis
radiästhetische Sensibilität:	300 Schläge
Aufenthaltszeit:	fünf Jahre
Anderes:	

Skizze

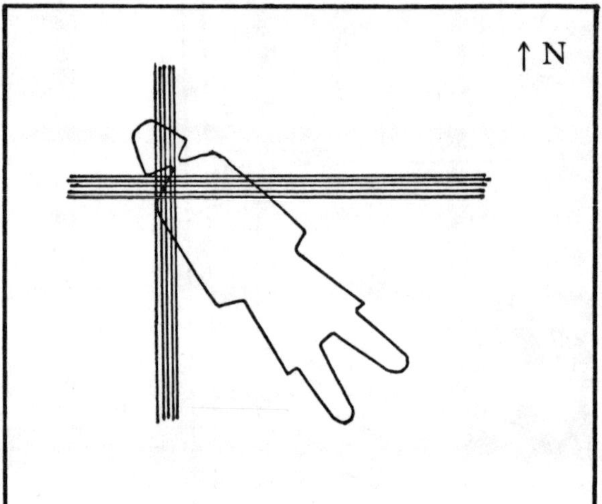

Ort:	Zagreb
Datum:	20. 8. 1980
Leiter der Forschung:	Boris Farkaš

Abb. 37: Beispiel eines radiästhetischen Befundes

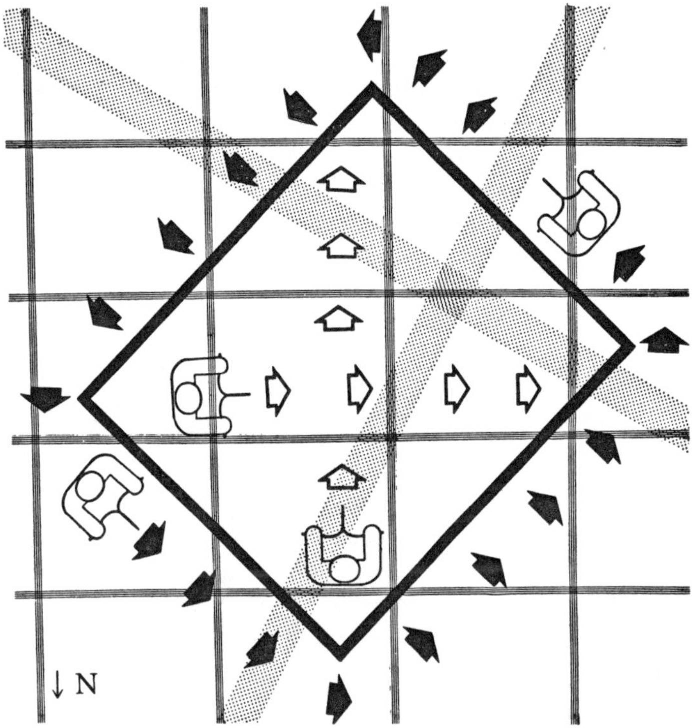

Abb. 38: Methode der selektiven radiästhetischen Detektion von Zonen geopathogener Strahlung in einem bestimmten Raum

deter Detektion sollte der Radiästhetiker die angeführten Angaben verlangen.

3. Der Radiästhetiker soll im Raum, wo GPS zu detektieren ist, allein sein. Die Anwesenheit anderer Personen und deren eventuelle Kommentare können seine Arbeit wesentlich beeinflussen und dadurch auch die Zuverlässigkeit des Befunds.

4. Wird die Schlafstättenverlegung für eine Person mit ausgesprochen schlechtem Gesundheitszustand vorgeschla-

gen, beispielsweise in einer akuten Krankheitsphase, soll auf die Notwendigkeit des schrittweisen Verlegens aus der Zone der GPS-Wirkung aufmerksam gemacht werden, auf jeden Fall aber so verfahren werden, wenn die erkrankte Person das »bestrahlte« Bett für längere Zeit in Anspruch nahm. Es empfiehlt sich dann, das Bett etappenweise, jeden Tag ein bißchen, während einer Woche zu verlegen.

5. Beim Vorschlag, die Schlafstätte zu verlegen, soll der Radiästhetiker auf die Reaktionsmöglichkeit des Organismus aufmerksam machen, die oft in Form von unruhigem Schlaf oder einer anderen Art von Unbehaglichkeit, und zwar für die Dauer von einigen Tagen oder Wochen, auftritt. Die Reaktion wird ausgeprägter sein, wenn die Person intensiverer GPS ausgesetzt war. Falls der Radiästhetiker auf diese Möglichkeit nicht hinweist, kann es geschehen, daß die Person nach einigen auf neuer Stelle verbrachten Nächten das Bett wieder auf die alte Stelle zurückrückt.

Forscher aus der Natur

Neben der GPS-Detektion mit physikalischen Vorrichtungen und radiästhetischen Methoden kann die Wahrscheinlichkeit der GPS-Anwesenheit manchmal auch anhand natürlicher Signale der Umgebung bemerkt werden. Tiere und Pflanzen können durch ihre Reaktionen oft die GPS-Stellen »anzeigen«. Es scheint, daß Tiere einen gewissen Sinn haben, der ihnen hilft, die GPS-Zonen zu vermeiden oder aber sie zur Ruhestätte zu wählen. So werden beispielsweise Hund, Pferd, Rind und besonders das Schwein, wann immer möglich, die Strahlungszonen meiden, der Hund die Nacht lieber neben seinem Häuschen verbringen, wenn es in einer Zone stärkerer GPS steht. Hingegen werden die Katze und die Schlange und besonders Ameisen, Wespen und Bienen sich gerne auf »bestrahlten« Stellen aufhalten und gerade dort ihre »Quartiere« einrichten. Hund und Katze können also ein guter Hausindikator sein für »gute« und »schlechte« Stellen im Haus. Bei den Kelten, alten Römern und Etruskern war es Brauch gewesen, auf einem zum Ausbau von Wohnstätten und Tempeln bestimmten Grundstück für einige Zeit eine Schafherde zu halten. Aus dem Verhalten der Tiere und durch Prüfung ihrer Eingeweide galt es, am Grundstück einen möglichen negativen Einfluß festzustellen, der sich im Benehmen der Tiere oder durch Anomalien in ihrem Organismus ausdrücken würde.

Alle kennen die Volkssprüche, daß der Storch Kinder bringt und daß Schwalbennester fürs Haus Glück bedeuten. Die Sprüche erscheinen plausibler, wenn man weiß, daß Vögel die dem GPS-Einfluß ausgesetzten Zonen meiden, die unter anderem Zeugungsschwierigkeiten verursachen. Der Storch und die Schwalbe werden fast nie ihr Nest auf einem Haus errichten, das intensiverer GPS-Strahlung ausgesetzt ist.

Im Frühling oder im Herbst, während ihrer Umzüge, werden wir oft die Schwalben sehen, wie sie sich auf elektrischen Leitungsdrähten erholen. Dem aufmerksamen Beobachter bleibt die Unregelmäßigkeit ihrer Anordnung sicher nicht verborgen. Die Schwalben schließen sich zu Gruppen zusammen, getrennt durch größere und kleinere Abstände. Genau unter diesen Leerräumen wird der Radiästhetiker am Boden in der Regel GPS-Zonen feststellen. Durch ihre Wuchsstellen können auch Pflanzen die GPS-Zonen »anzeigen«. In diesen Zonen wachsen üblicherweise die Mistel, Nessel, Farnkraut und einige Baumsorten. Bäume, die den GPS-Einfluß nicht ertragen, sehen so aus, als wollten sie durch schiefen Wuchs oder die deformierte Krone anzeigen, daß sie aus dieser Wirkungszone »davonlaufen« möchten. Die Anwesenheit schädlicher Strahlungen manifestieren sie auch durch verschiedene wuchernde Auswüchse, knotenartig wachsende Äste, durch Rindenabfall und krüppelhaften Wuchs. Oft führt eine Unkenntnis dieser Zusammenhänge dazu, daß an die Stelle ausgedörrter Obstbäume hartnäckig andere Obstbäume angepflanzt werden, die ebenfalls ausdörren.

Einfluß der Himmelsrichtungen auf die Lebensbedingungen

Man könnte es fast für unwahrscheinlich halten, daß ein Teil der Gesundheitsbeschwerden einer, bezogen auf die Himmelsrichtungen, falschen Anordnung der Liegestätte oder des Arbeitsplatzes, also jener Orte, auf denen sich der Mensch längere Zeit aufhält, anzulasten ist. Früher hat eine der Grundregeln architektonischen Projektierens von Schlafräumen, die heute fast schon vergessen scheint, die Bettanordnung in Nord/Süd-Richtung ermöglicht. Warum ist die Orientation des menschlichen Körpers in bezug auf Weltrichtungen überhaupt wichtig? Seit Urzeiten ist bekannt, daß der Mensch sich am besten fühlt, wenn er sich in Harmonie mit seiner Umgebung befindet, wenn er sich ihren Veränderungen anpaßt. Manche Umwelteinflüsse auf den Menschen sind von wechselnder Natur, manche sind unveränderlich. So ist es zum Beispiel wünschenswert, daß der Mensch seine Ernährung als einen der bedeutenden exogenen Faktoren der Klimaveränderung anpaßt, der Jahreszeit, seinen Aktivitäten, dem Alter und anderen Variablen. Auf optimale Lebensbedingungen wirkt sicher auch das magnetische Erdfeld, eine in Stärke und Richtung relativ stabile Größe.

In letzter Zeit spricht man immer mehr darüber, daß bestimmte physiologische Aktivitäten im menschlichen Organismus im Körper und seiner unmittelbaren Umgebung ein biomagnetisches Feld schaffen, das populär auch »Biofeld« genannt wird. Der Zustand dieses Feldes reflektiert in einer Weise die Aktivität des Organismus, somit auch seine eventuellen Störungen. Die Störungen deformieren mehr oder minder das bioenergetische Feld, jedoch können auf dieses Feld auch Außenfaktoren Einfluß nehmen, was sich dann mit der Zeit auf die Funktion des Organismus selbst auswirkt.

Der Mensch ist ständig der Wirkung des magnetischen Erdfeldes ausgesetzt, und dies ist eine der Grundbedingungen für das harmonische Funktionieren seines Organismus. Deshalb ist es keinesfalls gleichgültig, in welcher Lage sich sein Körper in bezug auf die Richtung des Magnetfeldes befindet. Angenommen wird, daß die optimale Körperlage in bezug auf das Magnetfeld der Erde in Richtung Nord/Süd liegt, so daß in liegender Lage der Kopf zum Norden zeigt, die Beine zum Süden weisen. Sitzt der Mensch, sieht die optimale Lage so aus, daß er mit dem Gesicht zum Süden und mit dem Nakken zum Norden gekehrt ist. Als optimal werden diese Lagen bezeichnet, weil das biomagnetische Gefüge des menschlichen Organismus – in dieser Weise ausgerichtet – mit dem geomagnetischen Erdfeld harmoniert.

Interessant ist das Experiment des amerikanischen Arztes Dr. Albert Abrams, der hervorragend durch Perkussion diagnostizierte. Die Perkussion ist eine Diagnostikmethode, die sich eines leichten Beklopfens des menschlichen Körpers bedient, wodurch Laute und Geräusche entstehen, mit deren Hilfe man krankhafte Veränderungen an einzelnen Organen feststellen kann. Bei der Anwendung dieser Methode hat er bemerkt, daß die Diagnoseergebnisse von der Richtung abhängig waren, in der sich der Patient während der Untersuchung in bezug auf die Himmelsrichtungen befand. Die besten Ergebnisse kamen zustande, wenn der Patient in Nord/Süd-Richtung lag. Bei Krebskranken hat Abrams festgestellt, daß sich die Nervenfasern der oberen Bauchgegend in permanenter Kontraktion befinden, die sich aufzulösen begann, wenn der Körper in Nord/Süd-Richtung gebracht wurde.

Langzeitige falsche Körperlage, besonders während des Schlafes, kann als solche stärker oder weniger stark ausgeprägte Beschwerden verursachen. Das Schlafen in Ost/West-Richtung (mit dem Kopf zum Osten) wird zu niedrigem Blutdruck und fahler Gesichtsfarbe, das Schlafen in selber Richtung, jedoch mit dem Kopf zum Westen, wird zu erhöhtem Blutdruck, allgemein zu Beschwerden im kardiovaskularen System und erhöhtem Blutzuckergehalt führen. Das Schlafen in Nord/Süd-Richtung mit dem Kopf zum Süden bewirkt meistens Verdauungsschwierigkeiten und Niedergeschlagenheit beim morgendlichen Aufstehen. Die optimale Körper-

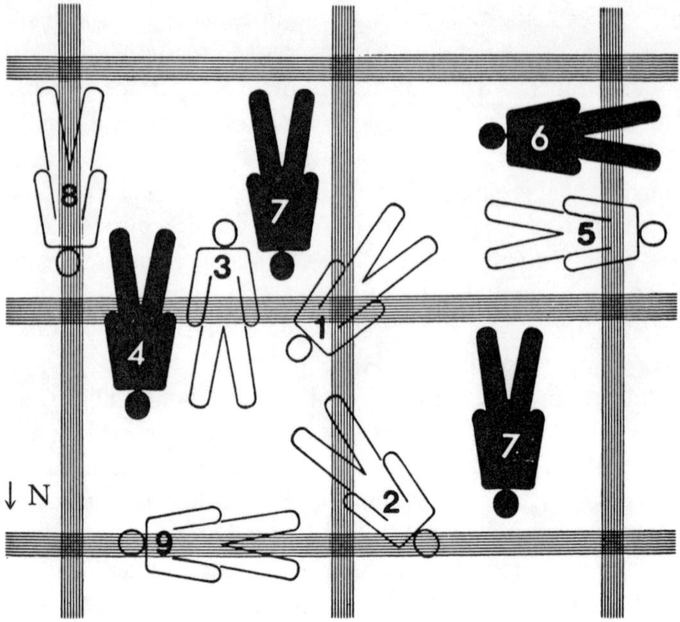

Abb. 39: Richtige (dunkle Figuren) und falsche (helle Figuren) Körperlagen beim Schlafen in bezug auf das Globalnetz geopathogener Strahlung

lage beim Schlafen ist, den Kopf zum Norden und die Beine zum Süden hin auszurichten. Nicht nur darum geht es, daß diese Ausrichtung an sich keine Beschwerden verursacht, vielmehr verringert sie die Wirkung anderer negativer exogener Faktoren, unter anderem auch den GPS-Einfluß. Es scheint, daß diese optimale Körperlage beim Schlafen allgemein die Immunität und unter anderem auch die gegenüber GPS-Einfluß stärkt.

Das Schlafen in optimaler Körperlage in bezug auf die Himmelsrichtungen wird die GPS-Wirkung nicht gänzlich beseitigen, aber relativ zu anderen ungünstigen Lagen wesentlich verringern. Die Abbildung 39 zeigt mögliche Körperlagen innerhalb des globalen Hartmannschen Strahlungsnetzes.

Die Abbildung zeigt klar die Bedeutung einer bezogen auf die Himmelsrichtungen und das globale Strahlungsnetz rich-

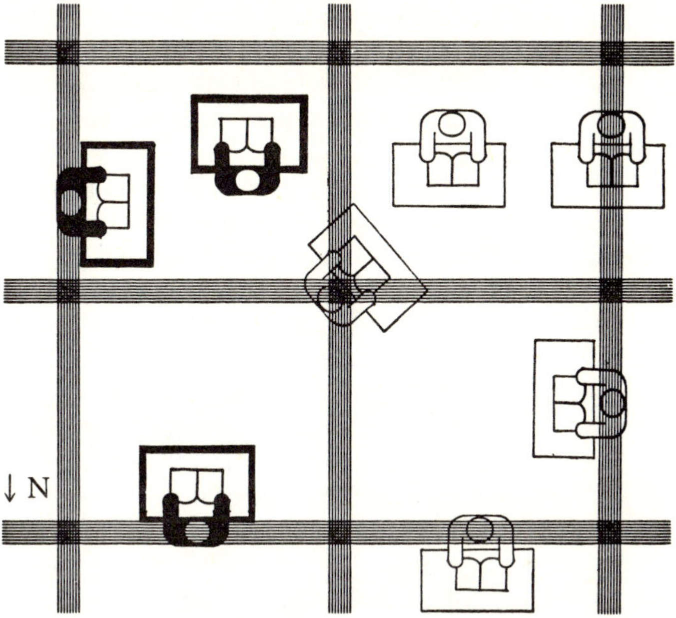

Abb. 40: Richtige (dunkle Figuren) und falsche (helle Figuren) Körperlagen beim Sitzen in bezug auf das Globalnetz der geopathogenen Strahlung

tigen Körperlage. Helle Figuren stellen falsche Körperlagen dar, richtige werden durch dunkle verdeutlicht. Die ungünstigste Lage ist diejenige in bezug auf das globale Strahlungsnetz, wenn der Körper vom Hartmannschen Knoten der Kreuzung der Strahlungszonen Nord/Süd und Ost/West oder aber zugleich von der Nord/Süd- und Ost/West-Strahlungszone erfaßt wird.

Nur etwas weniger ungünstig angeordnet befindet sich der Körper, der in Nord/Süd-Richtung mit dem Kopf zum Süden und den Beinen zum Norden liegt und von der Ost/West-Strahlungszone erfaßt wird (Position 3). Wird die Körperlage umgekehrt, also mit dem Kopf zum Norden (Position 4), verringert sich radikal die schädliche Wirkung der Ost/West-Strahlungszone. Ähnliches geschieht, wenn der Körper in Ost/West-Richtung mit dem Kopf zum Westen liegt und von der Nord/Süd-Strahlungszone erfaßt wird (Position 5). Diese Lage ist viel schlechter, als wenn der Kopf zum Osten gewendet wird (Position 6). Die günstigste Lage ist die mit dem Kopf zum Norden und den Beinen zum Süden und dies außerhalb der Strahlungszone (Position 7). Als ungünstig wird auch die Körperlage betrachtet, bei der die Strahlungszone längs über den Körper verläuft (Positionen 8 und 9).

Analog zu richtigen und falschen Körperlagen im Liegen in bezug auf die Himmelsrichtungen und das globale Strahlungsnetz zeigt die Abbildung 40 die Körperanordnungen im Sitzen. Helle Figuren kennzeichnen falsche Sitzpositionen, richtige sind dunkel dargestellt. Bei Kleinkindern bis zum Alter von drei Jahren wird man oft beobachten, daß sie sich so lange im Kinderbett herumdrehen, bis sie die Position Nord/Süd mit dem Kopf zum Norden erreicht haben.

Schutz vor geopathogener Strahlung

Diverse Maßnahmen, die als Schutz vor der GPS-Wirkung Anwendung finden, können allgemein in zwei Hauptgruppen unterteilt werden:

- Präventivschutz und
- Schutz unter Berücksichtigung des bestehenden Zustandes.

Der Präventivschutz vor dem GPS-Einfluß geschieht am wirkungsvollsten durch die Detektion der GPS-Zone schon vor aller architektonischen Festlegung der Mikrolokation von Bauobjekten, in Wohnstätten für Menschen beziehungsweise Spezialobjekten wie Krankenhäuser, Rehabilitationszentren, Heilanstalten für retardierte Kinder und dergleichen. Diese Forschungen verweisen auf kritische Zonen intensiv ausgeprägter GPS. Falls möglich, soll man durch Wahl der Mikrolokation fürs betreffende Objekt Stellen der ausgeprägtesten GPS völlig vermeiden, andernfalls sollen Funktionsplätze längeren Aufenthaltes aus diesen Zonen verlegt werden. So soll beispielsweise ein Wohnhaus so angeordnet sein, daß sich Schlafräume und Räume für längere Aufenthalte außerhalb geopathogener Zonen befinden. Bei Mikrolokationen von Krankenhäusern und ähnlichen Instituten ist es sehr wichtig, daß Operationsräume und Räume für Intensivpflege sich außerhalb dieser Zonen befinden.

Außer der Mikrolokation des Objekts in bezug auf die GPS ist auch die Objektlage in bezug auf die Himmelsrichtungen sehr wichtig. Das Objekt soll so ausgerichtet sein, daß die Flächen seiner Grundmauern parallel zur Nord/Süd- und der Ost/West-Achse verlaufen. Diese Anordnung wird es ermöglichen, daß Schlafräume mit der Möglichkeit der Bettenaufstellung in Nord/Süd-Richtung projektiert werden. Die gleiche Regel gilt auch bei der Aufstellung von OP-Tischen und den Betten in Krankenhäusern. Abgesehen von den Vorteilen der Nord/Süd-Anordnung werden die Betten auch innerhalb der Zonen des Hartmannschen Strahlungsnetzes leichter aufzustellen sein.

Die einmal respektierte Regel der richtigen Anordnung wird heutzutage in der Architektur wahrscheinlich vergessen. Ein flüchtiger Blick auf alte Stadtkerne größerer Städte macht deutlich, daß nicht nur Gebäude, sondern auch Straßen in der Nord/Süd- und der Ost/West-Richtung gebaut sind. Zagreb ist eines der ausgeprägteren Beispiele. Die richtige Anordnung des Stadtkerns, besonders der Unterstadt, wurde auch auf neu ausgebaute Siedlungen am anderen Sava-Ufer übertragen, von Savski Gaj bis Zaprude, Utrine und Travno. Doch als ob den Städtebauern diese »Eintönigkeit« auf die Nerven gegangen wäre, wurden die neuesten Siedlungen Dugave, Jarun, Špansko so konzipiert, daß fast kein Objekt richtig orientiert ist. Falsche Objektanordnung und klein bemessene Schlafzimmer verringern drastisch die Möglichkeit, Betten in optimaler Lage aufzustellen.

Auf den Abbildungen 41 und 42 werden zwei Mikrolokationen eines Familienhauses am selben Grundstück dargestellt. Die erste wurde durch städteplanerische Bedingungen festgelegt, die zweite wurde nach der Detektion der GPS-Zo-

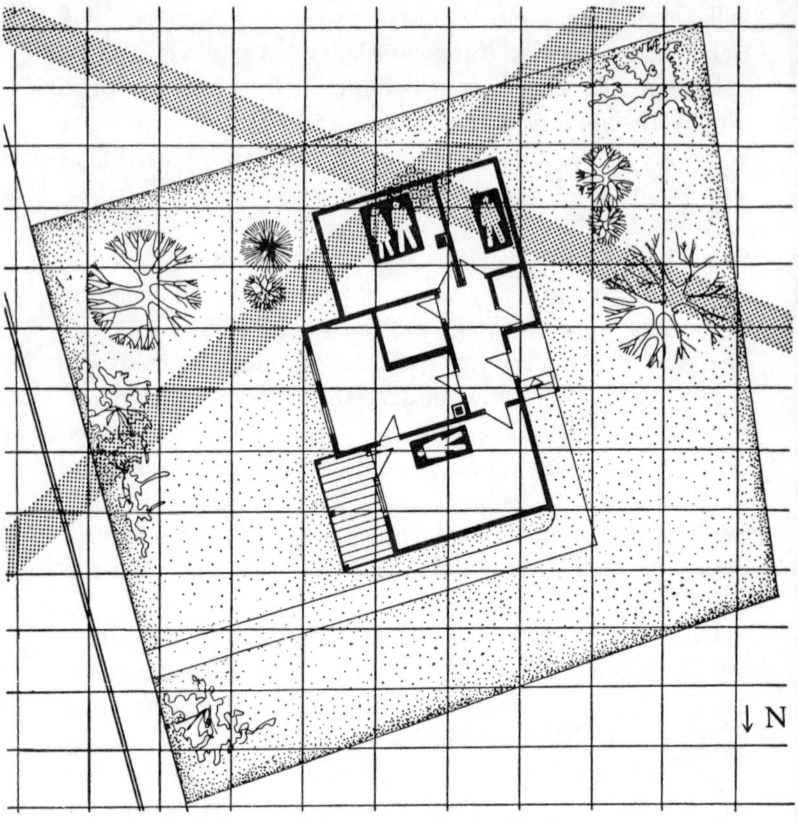

Abb. 41: Durch urbane Bedingungen festgelegte Mikrolokation eines Einfamilienhauses, die eine Anordnung der Betten in den Schlafzimmern außerhalb der Zonen geopathogener Strahlung mit Orientierung in Richtung Nord-Süd sehr erschwert

nen gemäß dem Prinzip, eine korrekte Ausrichtung zu ermöglichen, vorgeschlagen. Die Beeinflussung der Schlafräume beziehungsweise der Betten durch die GPS zeigt im ersten Fall alle negativen Seiten dieser Lokation verglichen mit der zweiten, wo man dank einer Erkenntnis der GPS-Zonen ausweichen und alle Betten in richtiger Lage aufstellen konnte. Heute wurde es in einigen radiästhetisch entwickelteren Gegenden auf der Welt zur Regel, daß die zum Ausbau von

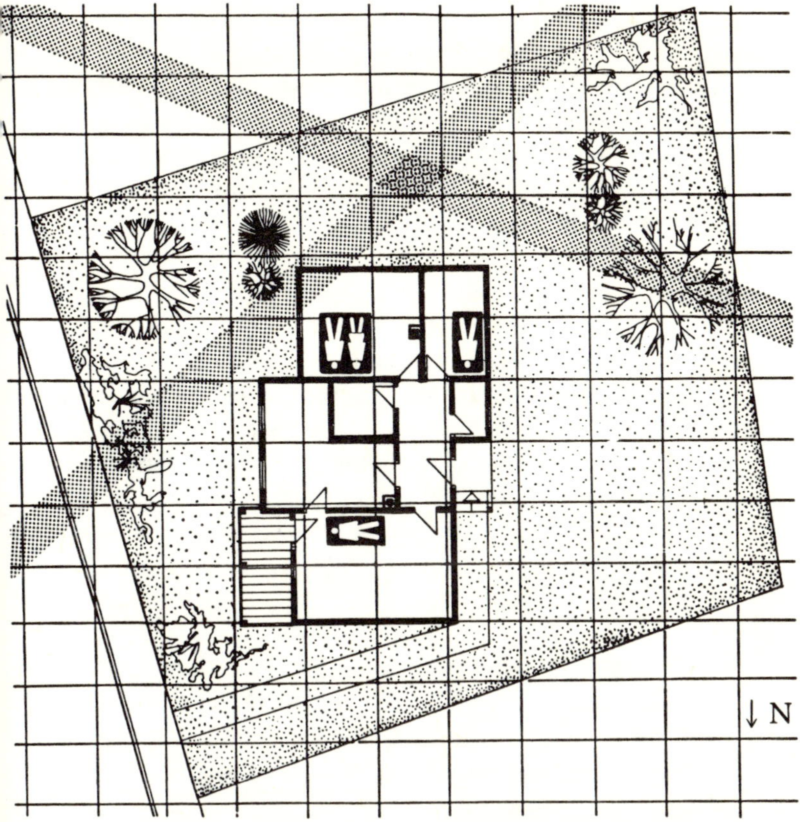

Abb. 42: Mikrolokation eines Einfamilienhauses auf demselben Grundstück nach der radiästhetischen Detektion von Zonen der geopathogenen Strahlung, wobei nach minimaler Abweichung von der städteplanerisch festgelegten Lage die Möglichkeit der Bettanordnung in neutralen Zonen mit ihrer optimalen Orientierung in bezug auf die Himmelsrichtungen gegeben ist

Wohnhäusern, Krankenhäusern, Sanatorien usw. bestimmten Grundstücke radiästhetisch untersucht und GPS-Zonen nach Möglichkeit gemieden werden.

So führt beispielsweise die Firma Porsche in der Bundesrepublik Deutschland bereits seit mehreren Jahren geobiologische Bodenerhebungen vor der Festlegung der Baustelle für eine neue Fabrik oder einen Betrieb durch. Man hat festgestellt, daß in Fabriken mit detektierter geopathogener Strahlung Arbeiter um 30 Prozent häufiger erkrankten als jene, die in geobiologisch richtig aufgebauten Fabriken arbeiteten. Festgestellt wurde allgemein der Anstieg bei rheumatischen und kardiovaskularen Erkrankungen und dann auch bei neurovegetativen Störungen und karzinogenen Erkrankungen.

Trotz Warnungen einzelner Radiästhetiker wegen der Notwendigkeit geobiologischer Bodenerhebungen der zum Ausbau bestimmten Grundstücke wird bei uns bis heute organisatorisch fast nichts unternommen. Alles bleibt im wesentlichen auf vereinzelte Detektionen beim Bau von Familienhäusern beschränkt. Eine seltene Ausnahme bietet ein Beispiel aus Maribor. Die Wohnungsbaugenossenschaft Maribor, eine der größten nach der Anzahl der Mitglieder und dem Organisationsniveau des Landes, proklamierte im Aktivitätenprogramm, bestimmt für Mitglieder, unter anderem unter Punkt 18:

> »Vor dem Baubeginn wird die Genossenschaft radiästhetische Erhebungen durchführen, so daß auf diese Weise der Einfluß geopathogener Strahlung mit dem Ziel der Festlegung der geeignetsten Mikrolokation in gesunder Umgebung vermieden wird.«

Um je bessere Informationen zu erhalten, bat mich diese Genossenschaft, vor ihren Mitgliedern und für das Wohnungsamt in Maribor den Vortrag »Radiästhetische Forschungen nach geopathogener Strahlung im Lichte der geeignetsten Mikrolokationen von Wohnhäusern« zu halten. Fast vollständig wurde dieser Vortrag von dem Mariborer Tageblatt *Večer* unter dem Titel »Laßt uns in Nord/Süd-Richtung schlafen« abgedruckt. Maßnahmen des Schutzes vor der GPS-Wirkung in bereits ausgebauten Objekten, auch Schutz am bestehenden Zustand genannt, sind hauptsächlich:

– Verlegung von Betten und anderen Plätzen längerer Aufenthalte
– Verwendung diverser Schutzvorrichtungen.

Die erste Art der Schutzsuche vor der GPS hat bisher beste Ergebnisse erbracht, doch ist sie – wie bereits erwähnt – wegen falscher Orientierung der Wohnhäuser in bezug auf die Himmelsrichtungen und der zu klein bemessenen Schlafräume oft nicht konsequent durchzuführen. Nicht selten kommt es vor, daß auch in gut gebauten Objekten wegen ungeschickt projektierter Schlafräume die richtige Ausrichtung der Betten in Nord/Süd-Richtung nicht zu realisieren ist. Die radiästhetische »Heilung« der Bettanordnung in bestehenden Objekten wird meistens vorgenommen, nachdem bei einem der Hausbewohner eine Erkrankung diagnostiziert wurde. Die Schulmedizin scheint der geopathogenen Strahlung vorläufig keine besondere Bedeutung beizumessen, so daß Patienten erst nach der Bekanntschaft mit einer der Formen der Alternativmedizin auf die Möglichkeit einer radiästhetischen Überprüfung der Bettanordnung aufmerksam gemacht werden. Da es öfters vorkommt, daß Patienten auf alternative Heilmethoden erst dann zurückgreifen, wenn ihr Gesundheitsproblem auf konventionelle Art nicht hatte gelöst werden können und die Krankheit in der Zwischenzeit fortgeschritten oder in eine kritische Phase eingetreten ist, wird eine Bettverlegung in manchen Fällen schlechtere oder gar keine Ergebnisse zeigen. Ratsam ist es daher, die Bettverlegung in allen Fällen vorzunehmen, bei denen die Geoanamnese besagt, daß man wahrscheinlich der GPS-Wirkung ausgesetzt ist.

Heutzutage fertigt man weltweit diverse Arten von technischen Vorrichtugen, die nach den Angaben der Hersteller völlig oder zumindest teilweise vor der GPS schützen sollen. Als einfachster Schutz werden verschiedene Folien angeboten, oft aus mehreren Materialien hergestellt, manchmal sogar versilbert oder vergoldet. Hauptsächlich werden diese Folien unter das Bett gelegt; manche davon müssen auch geerdet werden. Vor einigen Jahren tauchten bei uns Schutzschilder aus Polen auf, versehen mit dem Attest des polnischen Radiästhetikerverbandes. Ein solches Schild, in seiner Form der Keramikkachel ähnlich, schützt angeblich im Durchmesserkreis von neun Metern so, daß es die GPS akkumuliert und sie dann konzentriert senkrecht von seinem Mittelpunkt aus ableitet. Am Schild findet sich aber leider keine Warnung vor dem möglichen schädlichen Einfluß der kondensierten Strahlung auf Einwohner, die oberhalb der durch das Schild geschützten Wohnung leben. Unter einfacheren Mitteln verwendete man häufiger verschiedene Spiralen, die nicht nur vor dem GPS-Einfluß, sondern auch vor der Strahlung diverser technischer Geräte wie des Fernsehers und einiger anderer elektronischer Apparate angeblich schützen.

Außer diesen einfacheren Vorrichtungen verwendet man auch diverse kompliziertere elektronische Entstrahler, oft auch Bioresonatoren genannt, die wirksam nur sind, wenn sie an einer bestimmten Stelle angebracht sind. Eine objektive Beurteilung der Effizienz eines solchen Hilfsmittels fällt schwer, weil bei uns seine Anwendung ziemlich selten ist und Hersteller oft nicht genügend Angaben zu seiner Wirksamkeit und damit überzeugende Maßstäbe seiner Beurteilung liefern.

In einigen Wohnungen konnte man, gar nichts von vorgenommenen Schutzmaßnahmen wissend, ungestört Strahlungszonen detektieren, als ob es den Schutz überhaupt nicht gegeben hätte. Die Tatsache nämlich, daß das Gefüge geopathogener Strahlung noch ungenügend wissenschaftlich erforscht ist, verursacht bedeutende Schwierigkeiten bei der Analyse ihrer Wirkung. Um gegen etwas wirksam ankämpfen und einen entsprechenden Schutz aufbauen zu können, muß uns die Erscheinung, vor der wir uns schützen möchten, vollkommen klar sein. So hat der Mensch den Blitzableiter erst aufgestellt, als er den Blitz vollständig als ein Naturphänomen erklären konnte.

Einige unserer Radiästhetiker haben empfohlen und tun es auch heute noch, zum Schutz vor der GPS-Wirkung Bleiplatten zu verwenden, die man, nach ihrer Auffassung, nicht nur in Raumböden, sondern auch in die Seitenwände von Wohnungen und Häusern einbauen sollte. Diese Auffassung entstand durch die Analogie, daß Blei, das Röntgenstrahlen aufhält, auch den GPS-Einfluß aufhalten kann, zumal man annimmt, daß diese Strahlungsart ein geringeres Durchdringungsvermögen aufweist als Röntgenstrahlen. Da jedoch die geopathogene Strahlung ein völlig anderes Gefüge hat, stellen weder Blei noch andere Materialien für sie ein Hindernis dar. Darauf weist genügend der Umstand hin, daß man den Einfluß solcher Strahlung auch im zwanzigsten Stockwerk wahrnimmt, obwohl sich dazwischen zwanzig Stahlbetonflächen befinden. Forschungen Dr. J. Eugsters auf dem Gebiet des biologischen Ausbaus haben gezeigt, daß primäre schädliche kosmische Strahlung bei Berührung mit Metallflächen sekundäre Strahlung hervorruft, was in manchen Fällen schädliche Folgen nur noch vergrößert.

Weniger bekannt ist, daß einige Pflanzen die GPS-Wirkung verringern können, wenn sie zu Matten verarbeitet werden. Das sind Brennessel, Stroh, Farnkraut, Mistel und noch manche andere. Vielleicht sollte man Gründe für bessere Gesundheit unserer Omas und Opas auch in den Strohsäcken suchen, die als Liegematten benutzt wurden.

Zusammenfassend kann man sagen, daß die wirksamste und sicherste Methode ein Ausweichen in die »neutrale« Zone ist, wenn diese von einem erfahrenen Radiästhetiker ermittelt worden ist. Um Erfolg zu erzielen, müßte man mehr geschulte Radiästhetiker haben, die solche Detektionen organisiert durchführen könnten. Da bei uns sich leider nur eine sehr geringe Anzahl befugter Leute mit dieser Detektionsart befaßt, kann diese Schutzmaßnahme in großem Rahmen nicht betrieben werden.

Ganz unabhängig von einer Detektion strahlengefährdeter Orte aber gibt es Möglichkeiten des Verhaltens, potentielle GPS zu vermeiden. Beispielsweise wird auf Initiative der bekannten österreichischen Radiästhetikerin Frau Professor K. Bachler, die fast ihr ganzes Leben der Detektion der GPS-Zonen widmete, in einigen österreichischen Schulen systematisch ein zirkulierendes Versetzen der Schüler in der Klasse vorgenommen. Nach dieser Methode wechseln Schüler (besonders wichtig dort, wo der Unterricht immer im selben Raum stattfindet) während des Schuljahrs ihre Plätze, so daß ein Schüler nicht immer an einem Platz sitzt, der unter GPS-Einfluß stehen könnte.

In manchen Schulen werden Lehrer zum Zwecke einer Erkennung der Symptome geschult, sollten die Schüler eventuell der GPS-Wirkung ausgesetzt sein. Schülern, für die angenommen wird, daß sie zu Hause der GPS ausgesetzt sind, wird geraten, das Bett in einen anderen Teil des Schlafzimmers zu verlegen. Die Lehrer achten dann auf eventuelle Veränderungen. Solche Bemühungen bewirken nicht nur eine Verbesserung des Gesundheitszustandes bei Schülern, sie fördern auch die Konzentration auf den Unterricht und somit die schulischen Leistungen.

Trotzdem, gerade Ärzte könnten und müßten am meisten zum Schutz vor dem GPS-Einfluß beitragen. Sie könnten aufgrund von Symptomen, die als Folge der GPS-Wirkung in Frage kommen, feststellen, ob man diesem schädlichen exogenen Faktor ausgesetzt ist. Nach erfolgter Geoanamnese sollte der Arzt bei Bedarf zum Verlegen der Liegestätte in einen anderen Schlafzimmerteil oder zur Änderung der Bettanordnung und der Körperlage des Schläfers in bezug auf die Himmelsrichtungen raten. Der Arzt könnte im Verlauf einer gewissen Zeitperiode eventuelle durch die Verlegung erfolgte Änderungen des Gesundheitszustands beim Patienten verfolgen. Hierzu bedarf es nur der Erkennung möglicher Symptome. Der Arzt muß also nicht über radiästhetische Fähigkeiten verfügen, es genügt, wenn er in Form eines Ratschlags dem Patienten die Bettverlegung und die richtige Ausrichtung empfiehlt. Besondere Verantwortung müßten Ärzte der Allgemeinmedizin zeigen, weil sie am besten die Gegebenheiten ihrer Umgebung kennen, von Häusern oder Straßen mit Häufungen krebsartiger und rheumatischer Erkrankungen und neurovegetativer Störungen wissen.

Dieses Phänomen kennt man bereits seit längerer Zeit unter Begriffen wie »Krebshaus« oder »Krebsstraße«. Viel könnte der Arzt beim Patienten ausrichten, und sei es – wichtige Sachen kann man nicht oft genug sagen – durch bloßen Rat zur richtigen Körperlage beim Schlafen in bezug auf die Himmelsrichtungen.

In Zagreb wird heutzutage nur in einigen wenigen privaten Arztpraxen der GPS-Einfluß berücksichtigt. In staatlichen Krankenanstalten wird nur vereinzelt ein Arzt dem Patienten die Bettverlegung vorschlagen und auch das fast ausschließlich nur einem »Vertrauenspatienten«, damit er es nicht riskiert, von seinen Kollegen wegen solcher Ratschläge ausgelacht zu werden.

Wirkung biologischer Bauweise

Über GPS zu sprechen bedeutet auch, über die Verbindung dieses Phänomens zur Bauweise von Objekten zu sprechen. Von großer Bedeutung sind die bei den Häusern verwendeten Baustoffe und von ihnen ist das Strahlungsbild im betreffenden Raum hauptsächlich abhängig. Der Baustoff kann im wesentlichen auf zweierlei Weise GPS beeinflussen: durch Entstehung sekundärer Strahlung oder durch Störung des Mikroklimas, das dann indirekt die Strahlungswirkung potenziert.

Von sekundärer Strahlung und ihrer Entstehungsart ist schon die Rede gewesen. Zur Quelle können außer den Metallen in Baustoffen auch diverse Hausgeräte und Metallmöbel werden, wenn sie unter den GPS-Einfluß gelangen.

So können beispielsweise der Kühlschrank, Metalleinsätze im Bett oder Federkernmatratzen zu einer unangenehmen sekundären Strahlungsquelle werden. Außer direkter Einwirkung auf den menschlichen Organismus verursacht diese Sekundärstrahlung auch die Produktion positiver Ionen, was ernsthaft das Mikroklima stört und meistens zu Erkrankungen der Atemwege führt. Die Störung des Mikroklimas entsteht nicht nur der Wirkung sekundärer GPS, sondern auch einer Reihe anderer Faktoren wegen, die Folgen einer inhumanen Bauweise sind. Durch die Störung des Mikroklimas werden wichtige Bedingungen einer harmonischen Funktion des menschlichen Organismus gestört. Je schlechter diese Bedingungen sind, desto stärker ausgeprägt wird der GPS-Einfluß sein. Durch biologisch unangemessene Bauweise werden einige vitale Komponenten des Mikroklimas gestört, wie etwa das Verhältnis negativer und positiver Ionen, des elektrischen und des magnetischen Erdfeldes. Das Mikroklima kann auch durch elektrostatische Aufladungen verschiedener künstlicher Materialien gestört werden.

Bauten aus Stahlbeton sind wie ein Faradayscher Käfig, der die Zahl positiver Ionen erhöht und die Zahl der notwendigen negativen auf weniger als 500 pro Kubikzentimeter verringert, was Depressionen und Beunruhigung hervorruft und günstige Entwicklungsbedingungen für Bakterien und Viren schafft. Dieser Effekt wird durch synthetische Tapeten, Gardinen, Kleidung und in großen Büroräumen auch Lüftungs- und Klimaanlagen nurmehr verstärkt. Der Effekt des Faradayschen Käfigs zeigt sich auch an einer Intensitätsverringerung des elektrischen und des magnetischen Feldes der Erde (natürlicher Wert: $E = 130$ V/m und $H = 40$ A/m), was bei Menschen oft Kopfschmerzen, Schwindelgefühle und Infektionen der Atemwege hervorruft.

Im Unterschied zu natürlichen Baustoffen, wie Ziegeln, Holz und Stein verhindern künstliche Stoffe, beispielsweise Beton, diverse Metalle und Synthetikstoffe, das Eindringen sogenannter positiver kosmischer Energie in ein Gebäude. Sie aber, Träger ätherischer Kräfte, sind für eine harmonische Arbeitsweise des menschlichen Organismus unentbehrlich. Wenn der Mensch aus beliebigem Grund diese biologische Beförderung entbehren muß, wird er viel empfindlicher auf negative Einflüsse von außen und eben auch auf die der geopathogenen Strahlung reagieren.

Die radiästhesische Praxis zeigt, daß der GPS-Einfluß bei Bewohnern moderner Wohneinrichtungen weitaus stärker ausgeprägt ist als bei Bewohnern auf ursprüngliche Weise gebauter Häuser. Die enge Verbundenheit zwischen der Gesundheit und der Bauweise stellt sich nicht nur durch die GPS-Wirkung allein her, sondern auch durch den Einfluß einer ganzen Reihe anderer Faktoren. Die Baubiologie ist der Auffassung, daß die Häufigkeit einiger Erkrankungen durch humaneren Wohnungsbau, insbesondere geschlossener, für den Aufenthalt von Menschen bestimmter Räume, wesentlich herabgesetzt werden könnte, ja einige Erkrankungen vermutlich völlig verschwinden würden.

Beispiele aus der Praxis

Bevor einige charakteristische Beispiele der GPS-Detektion aus eigener radiästhetischer Praxis beschrieben werden, soll eine knappe Darstellung einer flächenmäßigen Detektion von GPS-Zonen erfolgen, die im Jahre 1929 von dem bekannten deutschen Forscher auf diesem Gebiet, Gustav Freiherr von Pohl, vorgenommen wurde.

Dieses Beispiel ist charakteristisch für die systematische Durchführung einer Detektion auf einer größeren Fläche. Bei einer Erhebung in Niederbayern wurde die radiästhetische Analyse unterirdischer Wasserläufe der Ortschaft Vilsbiburg, eines Städtchens am Ufer des Vilsflusses, vorgenommen. Damals hatte das Städtchen 565 Häuser, 900 Wohnungen und 3300 Einwohner, und zwischen 1919 bis 1929 verzeichnete man im Gesundheitsamt 54 Tote oder Erkrankte an karzinogenen Krankheiten. Angaben über die Örtlichkeiten, an denen erkrankte oder verstorbene Personen sich aufgehalten hatten, waren vor der Detektion nicht bekannt gewesen. Die Detektion wurde während einiger Tage unter Aufsicht der Lokalbehörden und eines neutralen Rutengängers durchgeführt; die Strahlungszonen unterirdischer Wasserläufe zeichnete man genau in den Stadtplan ein. Nach getaner Arbeit nahm sich die Untersuchungskommission die Analyse vor: Sie zeigte, daß Teile der Wohnobjekte, in denen alle 54 erkrankten Personen lebten, oder gelebt hatten, ausnahmslos dem Einfluß unterirdischer Wasserläufe ausgesetzt waren. Man muß hinzufügen, daß von Pohl vor den Erhebungen Vilsbiburg niemals besucht hatte und mit örtlichen Gegebenheiten nicht vertraut war. Die ganze Detektion sowie ihre Ergebnisse waren von den damaligen Behörden dieses kleinen bayerischen Städtchens amtlich beglaubigt worden.

Während langjähriger Praxis wird der Radiästhesist mit Tausenden von Beispielen der Detektion geopathogener Zonen an Betten und Arbeitsplätzen konfrontiert sein. Indem er alles, was ihm bei diesen Detektionen als wesentlich vorkommt, notiert, kann er zu Angaben gelangen, die unter Berücksichtigung der relativ großen Anzahl vorgenommener Detektionen ein repräsentatives Muster bestimmter Schlußfolgerungen darstellen.

Die den vorliegenden Aussagen zugrundeliegenden Detektionen wurden hauptsächlich in Fällen vorgenommen, da die Krankheit bereits ausgebrochen oder aber in fortgeschrittenem Stadium war. Nur eine geringe Anzahl der Detektionen wurde präventiv durchgeführt. Nur gelegentlich handelte es sich um die Präventivdetektion eines Wohnraumes, in dem keine Erkrankten waren. Meistens wurde die Detektion verschiedener karzinogener, kardiovaskularer, rheumatischer Erkrankungen, Erkrankungen des Verdauungstraktes oder diverser Kopfschmerzen wegen vorgenommen.

Bei einer Analyse der Ergebnisse ließ sich feststellen, daß sich in achtzig Prozent der Fälle die Betten oder Arbeitsplätze der Erkrankten in einer GPS-Zone befanden. Bei den restlichen zwanzig Prozent wurde keine GPS registriert. In den meisten Fällen, da ein GPS-Einfluß bei der Liegestätte nicht detektiert wurde, konnte man auch keine Strahlung am Arbeitsplatz feststellen. Bei karzinogenen Erkrankungen war der GPS-Einfluß in unwesentlich höherem Prozentsatz zu verzeichnen gewesen als bei anderen Erkrankungen. Die Aufenthaltsdauer in der GPS-Zone vor einer Diagnostizierung der Krankheit umfaßte meistens eine Spanne von zwei bis zehn Jahren. Es zeigte sich, daß es neben exogenen Faktoren und der Intensität von GPS vom Sensibilitätsgrad der Person abhängig ist, wie lange sie der GPS-Wirkung ausgesetzt sein muß, bis sie ihre Krankheit wahrnahm. Diese Zeit war wesentlich kürzer bei Personen, die empfindlicher waren und die gleichzeitig dem schädlichen Einfluß unangemessener Ernährung, des Alkohols, Nikotins oder anderer Schadensfaktoren unterlagen.

Ein bedeutender Faktor ist auch die GPS-Wirkung auf Räumlichkeiten, wie der Liegestätte oder dem Arbeitsplatz, die von der erkrankten Person früher regelmäßig aufgesucht wurden und die im nachhinein häufig nicht mehr überprüft werden können.

In den meisten Fällen befand sich die Liegestätte der Erkrankten innerhalb der GPS des Hartmannschen Knotens und gleichzeitig unter GPS-Einwirkung unterirdischer Wasserläufe und des Curryschen Netzes. In einer etwas kleineren Anzahl von Fällen war man der gleichzeitigen Wirkung zweier unterirdischer Wasserläufe ausgesetzt, und am wenigsten häufig handelte es sich um GPS-Wirkung des geologischen Bruchs. Eine Verbindung der einzelnen GPS-Arten zu bestimmten Erkrankungen konnte nicht festgestellt werden.

Der beste Hinweis auf eine erfolgreich durchgeführte Detektion und richtig bestimmte Anordnung der Liegestätte oder Verlegung des Arbeitsplatzes ist auf jeden Fall die Verbesserung des Gesundheitszustands oder des Allgemeinzustands des Erkrankten. Leider ist in der Praxis nur in wenigen Fällen so ein »Echo« registrierbar. Bei einer verhältnismäßig geringen Anzahl von Personen, überwiegend bei Kindern, tritt die positive Reaktion sehr bald ein, nach zwei bis drei Monaten. Bei der Mehrzahl der auf die GPS-Wirkung durchschnittlich empfindlichen Personen soll es erst nach sechs bis zwölf Monaten zur Besserung des Gesundheitszustandes kommen, falls in der Zwischenzeit nicht aus anderen Gründen eine Verschlechterung stattfindet.

Die Verbesserung tritt schrittweise ein, so daß die Ergebnisse der Verlegung nicht augenblicklich spürbar werden; es kommt schon vor, daß die betreffende Person die vorgenommene Detektion vergißt und mit der Beobachtung positiver

Reakionen des Organismus aufhört oder aber aus diversen anderen Gründen die Bettaufstellung ändert. All diese Umstände erschweren die systematische Erfassung der Reaktionen eines Organismus auf eine Veränderung der Bett- oder Arbeitsstatt. In der Praxis gelang es, bei weniger als dreißig Prozent diese Reaktion festzustellen, und zwar vorwiegend dank der Menschen, die dies aus eigener Intitiative taten.

Bei der GPS-Detektion ist es auch wichtig, das Verhältnis zwischen der Körperlage des Schläfers nach Himmelsrichtungen und den Erkrankungen, die bei dieser Person diagnostiziert wurden, zu verfolgen. Bei der Beobachtung dieses Verhältnisses kommt man zu dem Schluß, daß die Körperlage den Gesundheitszustand und auch die GPS-Wirkung negativ beeinflussen kann.

Erstes Beispiel

Die GPS-Detektion wurde im Schlafzimmer von Frau M. F. vorgenommen, die es gemeinsam mit ihrem anderthalb Jahre alten Mädchen teilte. Es war festzustellen, daß das Bett der Mutter in der Strahlungszone eines unterirdischen Wasserlaufs mit überdurchschnittlicher Intensität lag, die sich diagonal übers Bett erstreckte. Außerdem war die Bettmitte der Wirkung des Hartmannschen Knotens ausgesetzt. Das zwei Meter entfernte Kinderbett ragte mit seiner oberen Hälfte ebenfalls in die Wirkzone des erwähnten Knotens hinein. Die Mutter benützte ihr Bett am beschriebenen Ort seit zehn Jahren. Vor sieben Jahren häuften sich bei ihr epileptische Anfälle. Auf diesem Bett verbrachte sie auch die Schwangerschaft, die mit einer Totgeburt endete, während nach der zweiten Schwangerschaft ein mäßig mental und physisch zurückgebliebenes Kind geboren wurde. Während der letzten fünf Jahre spürte die Mutter Müdigkeit, das Mädchen schlief seit seiner Geburt sehr unruhig und wachte öfters auf. Die vorgenommene Therapie hatte beim Mädchen keinerlei Ergebnisse gezeigt. Acht Monate nach der Verlegung der Betten in die »neutrale Zone« wich die Müdigkeit fast gänzlich, und

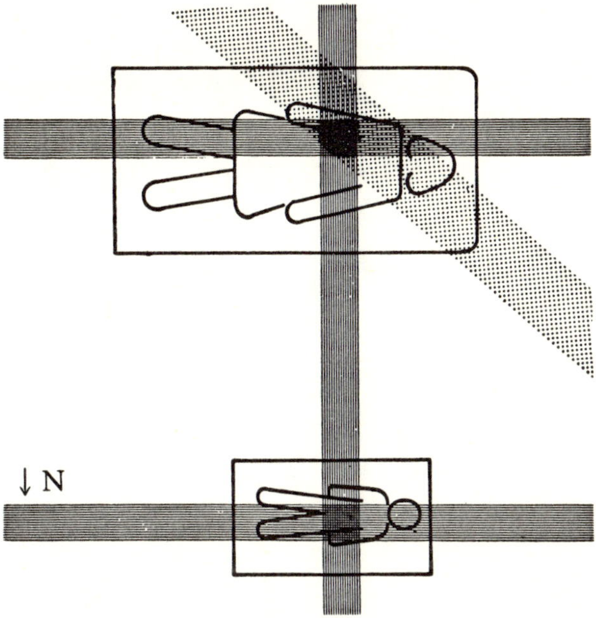

Abb. 43: Erstes Beispiel der radiästhetischen Detektion geopathogener Strahlung

die epileptischen Anfälle wurden seltener. Das Mädchen hatte einen ruhigeren Schlaf und begann, auf ärztliche Therapie besser zu reagieren.

Zweites Beispiel

A. V. spürte schon zwei Jahre lang einen üblen Schmerz in der Brustgegend und schlief sehr schlecht, nachdem er vor drei Jahren eine neue Wohnung bezogen hatte. Vergeblich klagte er verschiedenen Ärzten seine Schmerzen, doch die Untersuchungen ergaben keinerlei Anzeichen einer Krankheit. Eine Detektion löste schließlich das Rätsel: Das Bett von A. V. war der Strahlung eines unterirdischen Wasserlaufs und des Hartmannschen Knotens ausgesetzt. Nachdem er noch einige Zeit

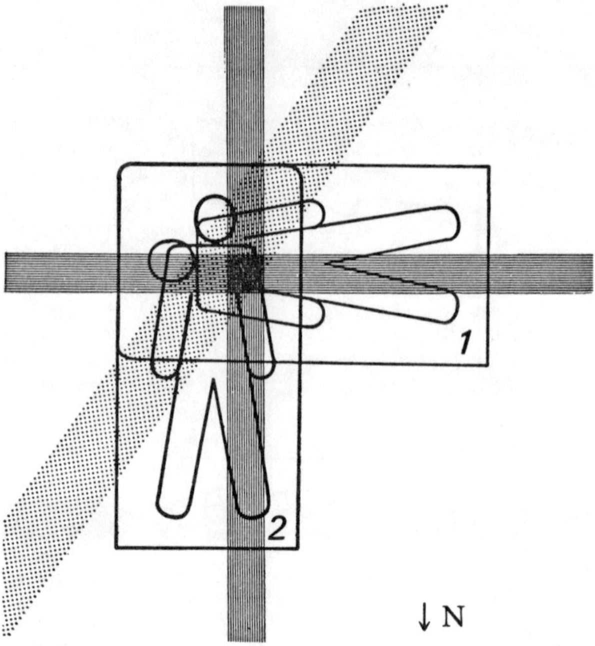

Abb. 44: Zweites Beispiel der radiästhetischen Detektion geopathogener Strahlung

auf dieser Stelle geschlafen hatte, beschloß er, sich selbst zu helfen zu versuchen. Hatte er bisher mit dem Kopf zum Osten und den Beinen zum Westen geschlafen, so beschloß er nun, sein Bett umzustellen. Von Freunden hatte er gehört, daß die Nord/Süd-Richtung die optimale Lage für den Schlaf sei, und so hatte er das Bett nur um 90 Grad gedreht, – wodurch er aber im selben Strahlungsbereich blieb wie vorher, bloß jetzt in einer noch komplizierteren Lage. Von seine Freunden hatte er nämlich nicht die vollständige Information erhalten; er schlief nun in Nord/Süd-Richtung, jedoch mit dem Kopf zum Süden anstatt zum Norden. Diese falsche Anordnung potenzierte die Wirkung der ohnehin schlechten Bettanordnung. Sechs Monate nach der Bettverlegung in die neutrale Zone schließlich hatte A. V. fast keine Schmerzen mehr und schlief seither wesentlich ruhiger.

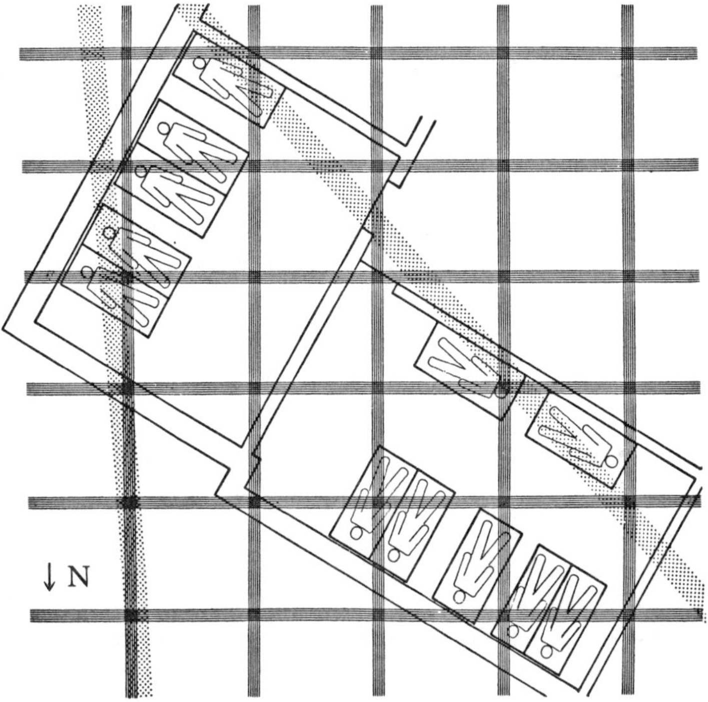

Abb. 45: Drittes Beispiel der radiästhetischen Detektion geopathogener Strahlung

Drittes Beispiel

In einer Anstalt zur Versorgung zurückgebliebener Kinder und Jugendlicher in Kroatien wurde in einigen Schlafräumen die Detektion der GPS-Zonen vorgenommen. In eine bereits vorbereitete Zeichnung wurden zuerst die detektierten Strahlungszonen und dann die Bettanordnung eingezeichnet. Mit diesen Angaben ließen sich die intensiver GPS-Wirkung ausgesetzten Betten herausfinden. Eine nachträgliche Durchsicht der Gesundheitsunterlagen der Heiminsassen, die die »bestrahlten« Betten seit über drei Jahren benützten, ergab eine Verschlechterung bestehender Beschwerden, bei einigen hatten sich sogar neue ausgebildet. Bei der Mehrzahl der Schützlinge, die der GPS-Wirkung ausgesetzt waren, verzeichnete man einen Aggressivitätsanstieg und schlechteres Anschlagen der vorgenommenen Therapie. Während derselben Zeit wurden bei den übrigen Schützlingen keinerlei erhebliche Änderungen ihres Gesundheitszustandes beobachtet. In dieser Anstalt konnte eine im radiästhetischen Sinne günstigere Bettenanordnung nicht vorgenommen werden. In einem solchen Falle böte sich eine zirkulierende Verlegung der Heiminsassen an, die auch in bestehender Bettanordnung dann gewiß positive Ergebnisse aufweisen würde.

Viertes Beispiel

Im Schlafzimmer des Professors G. M., das er mit seiner Frau teilte, detektierte man in der oberen rechten Hälfe der Ehebetten eine Kreuzungsquelle der GPS eines unterirdischen Wasserlaufs und der Curryschen Zone. Das Bett wurde von dem Ehepaar in dieser Lage seit sechs Jahren benutzt. Der Professor schlief immer auf der rechten Seite, und vor drei Jahren diagnostizierte man bei ihm einen bösartigen Tumor am Hals. Während des Heilverfahrens hielt er sich mehrmals für längere Zeit in seinem Wochenendhaus auf, wo er sich besser fühlte. Jedesmal hatte sich der Gesundheitszustand kurz nach der Rückkehr in die Wohnung verschlechtert. Diese Schwankungen waren atypisch für den Verlauf seiner Krankheit und die ihm verordnete Therapie. Nach der Bettverlegung wurden keine Schwankungen des Gesundheitszustands mehr beobachtet.

Die nachträgliche Detektion der GPS-Zonen auf dem Arbeitsplatz des Professors G. M. zeigte, daß der Platz, außer daß er falsch ausgerichtet war, zusätzlich der Wirkung schädlicher Strahlung eines geologischen Bruchs erheblicher Intensität ausgesetzt war. Wegen fortgeschrittenen Alters und seines Gesundheitszustands ging der Professor G. M. in Rente. An seine Stelle trat ein jüngerer Fachmann, der seinen Arbeitsplatz unverändert übernahm. Den Hinweis auf eine Verlegung des Arbeitstisches faßte er als guten Scherz auf. Drei

Abb. 46: Viertes Beispiel der radiästhetischen Detektion geopathogener Strahlung

Jahre später zwangen ihn schwere Kopfschmerzen und ständige Übelkeit doch, eine Verlegung des Arbeitstisches in die neutrale Zone vorzunehmen.

Fünftes Beispiel

Die Eltern eines zehnjährigen Mädchens namens L. L. erkannten nach einem mehr als einjährigen Aufenthalt in einer neuen Vierzimmerwohnung, in der das Mädchen endlich sein eigenes Zimmer bekam, ihr Kind einfach nicht mehr wieder. Das einst gesunde und lustige Mädchen, das außer guten Noten zum Ende jeden Schuljahres auch eine stattliche Anzahl von Belobigungen nach Hause brachte, verwandelte sich in ein blasses apathisches Kind ohne Appetit. Der Erfolg in der Schule wurde immer schwächer. Eine Therapie mit Vitaminen und einigen Arzneimitteln verhalf nicht zur Behebung des Gesundheitsproblems. Die Eltern entschlossen sich nach ver-

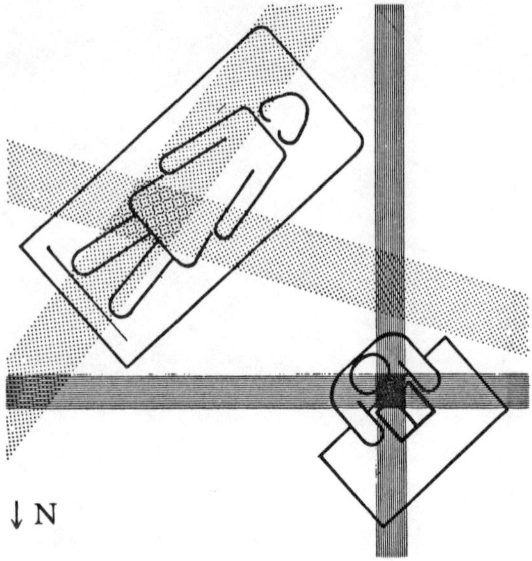

Abb. 47: Fünftes Beispiel der radiästhetischen Detektion geopathogener Strahlung

schiedenen Versuchen zur GPS-Detektion. Diese zeigte, daß das Bett des Mädchens der Strahlung zweier unterirdischer Wasserläufe ausgesetzt war und daß ihr Arbeitstisch im selben Zimmer auch nicht in optimaler Lage war.

Ein Jahr mußte vergehen, bis das Mädchen nach der Bettverlegung wieder ihren ursprünglichen Gesundheitszustand erlangte. Wäre sie noch länger der GPS-Wirkung ausgesetzt gewesen, hätte dies wahrscheinlich so manche ernsthaftere Erkrankung als die angeführten Beschwerden verursacht, denn das Mädchen zeigte eine sehr hohe Empfindlichkeit auf GPS-Einfluß.

Sechstes Beispiel

Der Arzt M. R., Spezialist der Radiologie, erlitt einen Herzanfall, von dem er sich sehr schwer erholte. Hartnäckig wies er Vorschläge seiner Frau ab, die seit Jahren bereits an schwe-

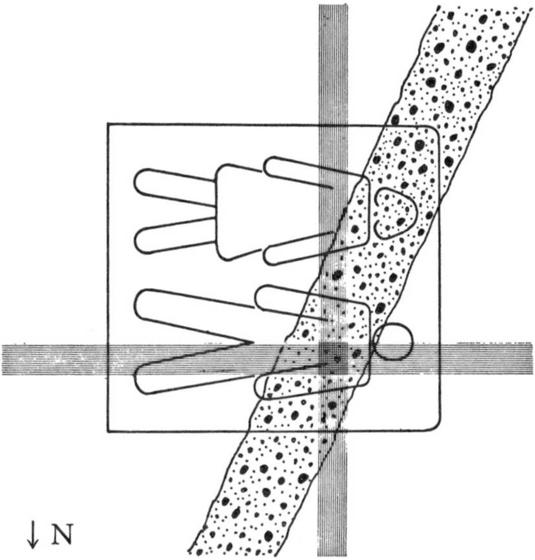

Abb. 48: Sechstes Beispiel der radiästhetischen Detektion geopathogener Strahlung

rer Migräne litt, in seinem Haus eine radiästhetische Detektion durchführen zu lassen. Nach längerer Zeit willigte er dann doch ein, aber unter der Bedingung, daß die Betten vor der Detektion verlegt werden, um den Erforscher geopathogener Zonen auf die Probe zu stellen. Nach vorgenommener Detektion wurden die detektierten Strahlungszonen mit Kreide am Boden gekennzeichnet. Die Betten standen im Schlafzimmer in neutraler Zone mit Nord/Süd-Ausrichtung, das Kopfende wies nach Norden. Ein Schulbeispiel gut angeordneter und ausgerichteter Betten.

Im ersten Moment konnte man annehmen, daß es sich um eine Präventivdetektion handelte, doch nach dem Grund der Einladung befragt, nannten sie die Herzbeschwerden des Arztes und die ständige Migräne seiner Gattin. Auf die Frage, seit wie langer Zeit sie an dieser Stelle ihr Bett stehen haben, antworteten sie, das sei erst seit zwei Tagen so, die Betten hätten vorher im anderen Zimmerteil gestanden. Die nun am Boden des Schlafzimmers eingetragenen Zonen der alten Stellung zeigten deutlich, daß die Eheleute der geopathogenen Strahlung eines geologischen Bruchs ausgesetzt gewesen waren, die sich über den Kopf der Gattin und die Brust des Gatten erstreckte. Außerdem verlief über die Brust des Arztes auch noch die Wirkzone des Hartmannschen Knotens. Die Bettanordnung in Ost/West-Richtung mit dem Kopfende zum Westen hatte die schädliche GPS-Wirkung noch potenziert. Der Arzt M. R. und seine Frau hatten vor sechs Jahren begonnen, das Zimmer zu benutzen, an dessen kritischer Stelle auch der Vater des Arztes seit fünfzehn Jahren geschlafen und seinen zweiten Herzanschlag nicht hatte überleben können.

Siebentes Beispiel

Die Schneiderin L. A. litt an Arthritis, besonders ausgeprägt an Gelenken und Fingern beider Hände. Die Krankheit war schon so weit fortgeschritten, daß sie in gewissen Situationen ihre Hände nicht mehr gebrauchen konnte. Die Detektion der GPS-Zonen zeigte, daß die Mitte der Ehebetten einer Strahlungszone des unterirdischen Wasserlaufs mit mittlerer Intensität und auch der Hartmannschen Strahlungszone in Ost/West-Richtung ausgesetzt war. Die Betten standen in Nord/Süd-Richtung mit dem Kopfende zum Süden. Das Bett wurde in dieser Lage seit acht Jahren in Anspruch genommen. Die Beschäftigung als Handelsreisender und die damit oft verbundenen Aufenthalte außer Haus »retteten« den Gatten der Schneiderin L. A. vor der Wirkung der GPS-Zonen und der Wirkung des falsch angeordneten Bettes. Anderthalb Jahre nach der Bettverlegung und sechs Monate nach dem Beginn der Anwendung makrobiotischer Diät hatte sich der Gesundheitszustand von Frau L. A. wesentlich verbessert.

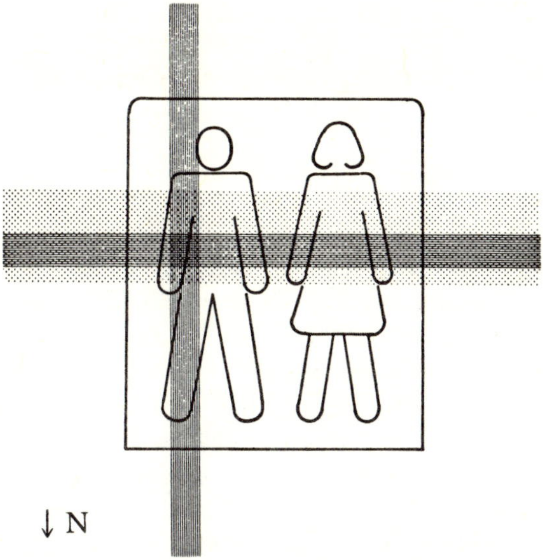

Abb. 49: Siebentes Beispiel der radiästhetischen Detektion geopathogener Strahlung

Andere radiästhetische Anwendungsgebiete

Neben den beschriebenen Anwendungsgebieten gibt es eine Reihe anderer Formen menschlicher Tätigkeiten, bei denen die Radiästhesie von Bedeutung ist. Auf diesen Gebieten wird sie meistens von Fachleuten angewendet, die in einer bestimmten Weise bei sich eine radiästhetische Sensibilität entdeckt haben und die Methoden radiästhetischer Erhebungen beherrschen. Sehr selten sind Personen, die sich mit Radiästhesie als eigenständiger Disziplin professionell befassen. In Europa gibt es professionelle Radiästhetiker, die sich mit der Detektion geopathogener Strahlung oder unterirdischer Wasservorkommen befassen. Andere Radiästhetiker arbeiten in Nordamerika professionell für einige Gesellschaften an der Detektion von Erdöl und Gas und wieder andere in Japan, die, als Fachleute bei großen Farmen angestellt, das Geschlecht von Eintagsküken bestimmen.

Radiästhesie in der Geologie

Heute gibt es viele wissenschaftliche Methoden, mit deren Hilfe man mehr oder minder erfolgreich ein unterirdisches Erzvorkommen oder ein Wasservorkommen, seine Tiefe und Ergiebigkeit bestimmen kann. Da diese Methoden dem Menschen allerdings erst seit neuester Zeit bekannt sind, war er in Ermangelung anderer Techniken zuvor gezwungen gewesen, seine sogenannten übersinnlichen Fähigkeiten zu nutzen. Auch heute kommt es vor, daß wissenschaftliche Methoden ins Leere schlagen oder es wegen ihrer erheblichen Kosten nicht immer rentabel ist, sie anzuwenden, so daß der Mensch als biologischer Detektor zur Geltung kommt. Meistens ist dies auf dem Gebiet der Geologie der Fall, die sich mit der Erforschung unterirdischer Wasservorkommen vom Standpunkt ihrer Nutzungsmöglichkeiten befaßt. Im Rahmen des amerikanischen Rutengängerverbandes wirkt sehr erfolgreich die Sektion zur Erforschung unterirdischer Erdöl- und Gasvorkommen.

Im folgenden wollen wir uns vor allem mit der Detektion unterirdischer Wasserläufe und -vorkommen beschäftigen, da die Radiästhesie in der Geologie bisher ausschließlich in diesen speziellen Bereichen verwendet wird. Es sei gesagt, daß sehr oft das Motiv radiästhetischer Detektion unterirdischer Wasserläufe von der Idee ihrer Nutzung geprägt ist. Während es zum Zweck der GPS-Entdeckung genügt, eben diese Strahlungszone des unterirdischen Wassers und ihre Strahlungsintensität zu bestimmen, ist für die Detektion unterirdischer Wasservorkommen vom Nutzungsstandpunkt her folgendes erforderlich:

- die genaue Stelle des unterirdischen Wasservorkommens oder des unterirdischen Wasserlaufs ist für eine Probebohrung zu bestimmen,
- zu bestimmen ist die Tiefe des unterirdischen Wasservorkommens oder des unterirdischen Wasserlaufs,
- die Ergiebigkeit des Vorkommens ist zu errechnen,
- die Beständigkeit der Fundstelle ist anzugeben,
- es soll überprüft werden, ob es zwischen der Bodenoberfläche und dem unterirdischen Wasserlauf oder dem unterirdischen Wasservorkommen eventuell geologische Hindernisse gibt,
- die mögliche Wasserverschmutzung ist zu bestimmen.

Die Bestimmung eines unterirdischen Wasservorkommens unternimmt der Radiästhetiker während eines Rundgangs, bei dem er das Wasservorkommen auf dem betreffenden Grundstück bestimmt. Zur Feststellung der Schwerpunktzone und der Hilfssignale eines Wasservorkommens oder Wasserlaufs unter der Erde verwendet man hauptsächlich die

Wünschelrute oder »L«-Antennen. Zuerst detektiert der Radiästhesist die Schwerpunktzone eines unterirdischen Wasserlaufs, und nachdem er an einer bestimmten Stelle sein Vorkommen festgestellt hat, untersucht er, wie sich diese Zone im Forschungsgrundstück weiter erstreckt.

Am besten ist es dabei, durch Aufstellung geeigneter Kennzeichen sofort die Richtung oder eventuelle Umkehrpunkte der Zone zu bestimmen. Nachher wird auf der Linie, über die sich die Schwerpunktzone erstreckt, der zur Ausschöpfung geeignete Punkt festgestellt. Von dieser Stelle aus detektiert der Radiästhetiker, während er sich senkrecht über die Schwerpunktzone bewegt, das erste Seitensignal des unterirdischen Wasserlaufs, das sich im Winkel von 45 Grad in bezug auf die Schwerpunktzone ausbreitet. Manche Radiästhetiker bezeichnen das Seitensignal auch als Reflexstrahl oder Ankündigungsstrahl. Falls die Detektion an einem annähernd geraden Grundstück vorgenommen wird, müßte man die Seitensignale in gleicher Entfernung auf beiden Seiten der Schwerpunktzone feststellen. Da der Winkel zwischen dem Erstreckungsgebiet der Schwerpunktzone und des ersten Seitensignals 45 Grad beträgt und der zwischen Schwerpunktzone und Erdoberfläche etwa 90 Grad beträgt, bei waagerechtem Gelände, wird die Entfernung der Schwerpunktzone vom ersten Seitensignal an der Erdoberfläche ungefähr der Tiefe des unterirdischen Wassers entsprechen. Neben den ersten Seitensignalen bestehen noch eine ganze Reihe von Seitensignalen des unterirdischen Wasserlaufes, die sich unter verschiedenen Winkeln zur Erdoberfläche hin ausbreiten, doch sind für die Detektion die ersten Seitensignale am wichtigsten. Zu überprüfen ist die bisher ja nur erschlossene Angabe der Tiefe des Wasserlaufs durch die Anzeige eines Pendels am Diagramm in Form einer Richtungsrosette. Am besten geeignet ist ein Diagramm mit der gekennzeichneten Skala von 0 bis 50 Metern. Abbildung 50 skizziert die Detektion des Grundsignals und der ersten Seitensignale mit angezeigten möglichen Konventionen radiästhetischer Instrumente.

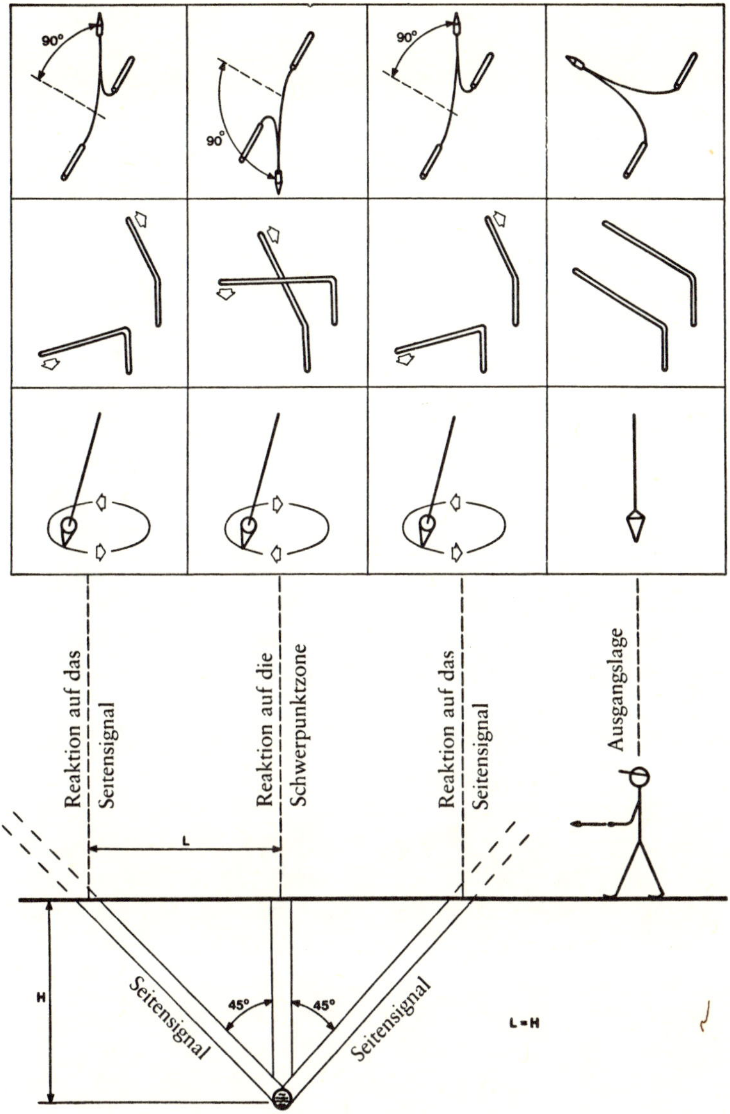

Abb. 50: Allgemeine Konvention bei der Detektion eines unterirdischen Wasserlaufs für Wünschelruten, »L«-Antennen und Pendel

Die nächste Erhebungsphase betrifft die Ergiebigkeitsbestimmung des unterirdischen Wasserlaufes, das heißt die Bestimmung der Wassermenge, die in einer Zeiteinheit an dieser Stelle genutzt werden könnte. Die Ergiebigkeit wird oft auch als Bohrlochkapazität angeführt. Größere Kapazitäten errechnet man in Litern pro Sekunde, bescheidenere in Litern pro Minute. Am einfachsten läßt sich die Ergiebigkeitsbestimmung mit dem Pendel und dem Diagramm in Form der Richtungsrosette durchführen, das zu diesem Zweck eine Doppelskala im Bereich von 0 bis 50 haben kann. Eine Skala dient der Ergiebigkeitsbestimmung von Litern pro Sekunde, die andere der von Litern pro Minute. Zuerst prüft der Radiästhetiker mittels des Pendels und der Ja/Nein-Konvention, ob die Durchflußmenge über 50 Liter pro Minute liegt. Erhält er eine positive Antwort, verwendet er die für größere Mengen bestimmte Skala, im anderen Falle die zweite Skala. Das Pendel wird durch Bewegungen auf der Richtungsrosette den gesuchten Wert innerhalb der Skala am Diagramm anzeigen. Die Abbildung 51 stellt ein universales Diagramm dar, das speziell radiästhetischer Erforschung unterirdischer Gewässer angepaßt ist.

Da sehr oft aus diversen Gründen die Ergiebigkeit des unterirdischen Wasserlaufes schwankt, kann es vorkommen, daß zu einer bestimmten Jahreszeit die Wassermenge unter das nötige Niveau fällt oder der Wasserzufluß vollkommen versiegt. Deswegen muß der Radiästhetiker unbedingt auch den Wert minimalen jährlichen Verbrauchs festlegen. Ob das Vorkommen den Erfordernissen gereicht, kann der Radiästhetiker mit derselben Methode feststellen, mit der er die augenblickliche Nutzbarkeit des unterirdischen Gewässers bestimmt hat.

Nach diesen Erhebungen muß noch herausgefunden werden, ob sich zwischen der Erdoberfläche und dem unterirdischen Gewässer etwa eine Schicht Steinplatten oder andere geologische Hindernisse befinden, die die Bohrung oder die Erdgutaushebung wesentlich verteuern, das ganze Vorhaben sogar undurchführbar machen könnten. Falls das Wasser aus

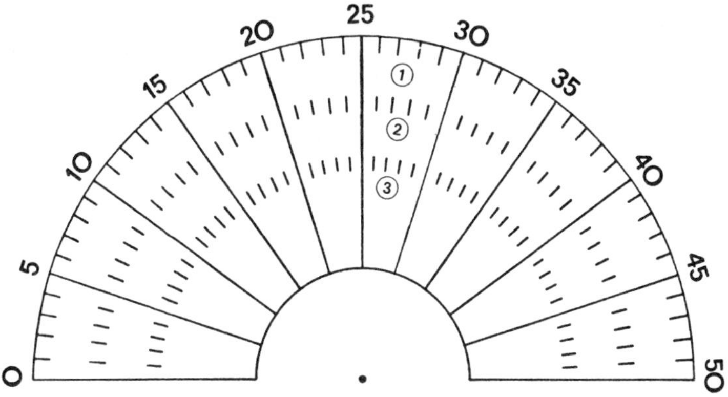

① = Wassertiefe in Metern
② = Ergiebigkeit in Litern/Minute
③ = Ergiebigkeit in Litern/Sekunde

Abb. 51: Universelles Diagramm zur radiästhetischen Bestimmung der Tiefe und Ergiebigkeit eines unterirdischen Wasserlaufs

der festgelegten Stelle als Trinkwasser verwendet werden soll, muß der Radiästhetiker die Möglichkeit seiner Verunreinigung in Erwägung ziehen. Falls man das Wasser in einem bestimmten technologischen Prozeß verwenden möchte, liegt es ferner an, den Härtegrad des Wassers wie auch seinen Kalziumhydrokarbonat-Gehalt zu prüfen.

Bei der Erhebung jedes einzelnen Vorgangs sollte man alle Phasen des radiästhetischen Zyklus durchgehen. Nach beendeter Prüfung wird der Radiästhetiker genau die Bohr- oder Ausgrabungsstelle kennzeichnen und sie möglichst genau in den Plan oder die Zeichnung mit Angabe der Entfernungen zu einigen markanten Objekten auf dem Grundstück eintragen. Auf diese Weise wird man auf dem Platz sehr einfach Stellen der Versuchsbohrungen kennzeichnen können, falls die ursprüngliche Kennzeichnung verlorengegangen ist. Ebenfalls ist es erforderlich, daß der Radiästhetiker alle Angaben seines Befundes über die Tiefe des unterirdischen Wassers, die maximale und minimale Ergiebigkeit der Nutzungsstelle, als auch alle anderen Details gesondert festhält.

Dem Radiästhetiker, der über seine Erfahrung mit der Detektion unterirdischer Wasserläufe hinausgehende Kenntnisse auf geologischem Gebiet besitzt, wird sein Wissen in allen Fällen der Erkennung geologischer Anzeichen der Erdoberfläche, der Bestimmung der Erdschicht, der Sichtung der Gegebenheiten des eigentlichen Grundstücks und vieles anderem sehr nützlich sein.

Die geologischen Gesetzmäßigkeiten unterirdischer Wasserläufe werden zum Beispiel im Karstgebiet anders sein als in Gegenden mit erdgutartigen Schichten. Nach der Bestimmung aller Elemente wird der Radiästhetiker seine Beobachtungen schriftlich niederlegen und den entsprechenden Entwurf dem Besteller aushändigen. Außerdem muß der Radiästhetiker seinen Auftraggeber darauf aufmerksam machen, daß die radiästhetische Methode nur einen bestimmten Zuverlässigkeitsgrad besitzt und der Befund unbedingt durch eine Probebohrung bestätigt werden sollte, bevor mit den Bauarbeiten am Objekt begonnen wird.

Die Zuverlässigkeit eines von einem erfahrenen Radiästhetiker durchgeführten Befunds beträgt bei unterirdischen Gewässerforschungen etwa 80 Prozent. Die Verifizierung des radiästhetischen Befunds durch eine geologische Bohrung erwies sich als die beste Methode, die Vorbereitungs- und Erforschungsmaßnahmen insgesamt sehr sparsam durchzuführen. In Ermangelung der Maßstäbe, die ein Team dazu anleiten könnten, an bestimmten Prüfstellen Versuchsbohrungen vorzunehmen, stellen geologische Forschungsteams oft »über den Daumen gepeilte« Lokationen an.

Bohrungen werden so lange durchgeführt, bis man auf Wasser stößt oder auf Grund der Bodenzusammensetzung feststellen muß, daß es hier gemäß geologischer Regeln keinesfalls unterirdisches Wasser geben dürfte. Gerade bei solchen Situationen sollte man einen erfahrenen Radiästhetiker damit betrauen, Orte ausfindig zu machen, wo mit großer Wahrscheinlichkeit unterirdische Wasservorkommen vermutet werden dürfen. Leider wird diese Praxis im wesentlichen aus zwei Gründen nicht durchgeführt: Erstens gibt es nur sehr wenige für diese Detektionsart ausgebildete Radiästhetiker und zweitens sind die Geologen meist ungenügend über die Möglichkeiten radiästhetischer Erhebungen auf diesem Gebiet informiert.

Als erfolgreicher Forscher auf diesem Gebiet sei unbedingt der verstorbene Ingenieur Stanko Jurdana erwähnt. Während seiner langjährigen Praxis detektierte er landesweit mehrere hundert Stellen, die dann der Versorgung der Bevölkerung und Industrie mit Wasser dienten. Mit gleichem Erfolg fand er Lokationen für Brunnen und Schöpfstellen auf karstigen Inseln, Hügeln des Hrvatsko Zagorje und in den Ebenen Slawoniens. Ihm es ist zu verdanken, daß solche Gebiete mit Wasser versorgt werden, wo sogar namhafte geologische Teams nach ausgiebigen Forschungen negative Ergebnisse erzielt hatten. All diese unbestreitbaren Erfolge, die er auf besagtem Gebiet erzielte, waren anscheinend nicht ausreichend, um unsere Wissenschaft zur Ergründung dieses überaus nützlichen Phänomens zu bewegen.

Suche nach verschollenen Personen

Die radiästhetische Suche nach vermißten Personen ist eine Methode, die seit fast einem Jahrhundert erfolgreich angewandt wird. Dank dieser interessanten radiästhetischen Möglichkeit fand man viele verloren geglaubte oder geraubte Kinder. Verschüttete in bei Erdbeben eingestürzten Häusern wurden ebenso wiedergefunden wie Alpinisten in niedergegangenen Schneelawinen; man fand so auch vermißte Schiffe und Flugzeuge. Trotz hochentwickelter technischer Vorrichtungen, die als Detektoren zur Auffindung verschütteter Personen dienen, ist Radiästhesie auf diesem Gebiet oft unersetzlich. Radiästhetische Detektionsmethoden für vermißte Personen lieferten gleich gute Ergebnisse, unabhängig davon, ob es sich um eine lebende oder verstorbene Person handelte. Dieselbe Detektionsmethode kann manchmal auch bei der Suche nach vermißten Gegenständen angewandt werden.

Die radiästhetische Bestimmung der Stelle, an der sich die vermißte Person vermutlich befindet, kann durch zwei Arten durchgeführt werden:

– Detektion im Gelände und
– Detektion auf Entfernung.

Ohne Rücksicht auf die angewandte Methode muß der Radiästhetiker unbedingt einen psychometrischen Gegenstand besitzen, der die vermißte Person darstellt. Als solcher kann eine Photographie der vermißten Person dienen, Teile ihrer Kleidung, ihre Schuhe oder ein anderer Gegenstand, mit dem die vermißte Person früher in ständigerem Kontakt stand und für den kein Zweifel besteht, daß er gerade dieser Person gehörte.

Radiästhetische Detektion im Gelände wird durchgeführt, wenn man ungefähr das Gebiet, auf dem sich die vermißte Person aufhält, kennt. Handelt es sich um ein kleineres Gelände, wird es der Radiästhetiker zu Fuß nach einem bestimmten System erfassen, jedoch kann die Detektion auch aus dem Auto oder vom Hubschrauber aus erfolgen.

Detektion im Gelände kann angewandt werden, auch wenn man zuvor durch Detektion aus der Entfernung das Gebiet, wo sich die vermißte Person voraussichtlich aufhält, näher abgesteckt hat. Zur Detektion im Gelände wird die Wünschelrute am häufigsten verwendet.

Radiästhetische Detektion auf Entfernung wird mittels einer Vorlage vorgenommen, die auf irgendeine Weise das Gelände darstellt, auf dem man die vermißte Person vermutet. Am geeignetsten sind Landkarten verschiedener Maßstäbe oder Stadtpläne. Bei dieser Detektionsart wird meistens das Pendel verwendet. Zuerst wird auf der Karte größeren Maßstabs die Lokation vorgenommen, und dann wird auf einer anderen Karte mit kleinerem Maßstab so präzise wie möglich die Stelle der vermißten Person oder des vermißten Gegenstandes bestimmt. Besteht die Möglichkeit, daß die vermißte Person sich bewegt, soll man die Detektion in bestimmten Zeitabständen wiederholen.

Es gibt sehr viele verschiedene Methoden radiästhetischer Detektion auf Landkarten, doch soll hier zur besseren Vorstellung eine einfache Methode dargestellt werden. Viele Spezialisten auf diesem Gebiet betrachten die Ausrichtung der Landkarte und des Körpers des Radiästhetikers in bezug auf die Himmelsrichtungen als besonders wichtig.

Nach ihren Anweisungen soll während der Detektion der Radiästhetiker mit dem Nacken zum Norden sitzen und die Vorlage beziehungsweise die Landkarte soll so liegen, daß sich die Himmelsrichtungen auf der Karte mit denen der Detektionsstelle decken.

Beispiel

Die hier beschriebene Detektionsmethode bezeichnet man als Detektion mit Koordinaten. Der Radiästhetiker stellt die Landkarte in einem gedachten Koordinatensystem auf, in dem die y-Achse die Nord/Süd-Richtung auf dem rechten Kartenrand darstellt, beziehungsweise auf der x-Achse am unteren Kartenrand die Ost/West-Richtung abgelesen wird. Dieses Detektionsprinzip wird in der Abbildung 52 dargestellt.

Orientierung: Die Detektion der vermißten Person L. M. soll durchgeführt werden; als psychometrischer Gegenstand dient die Photographie der vermißten Person. Es wird angenommen, daß sie sich im südwestlichen Teil Kroatiens aufhält. Als Vorlage dient die Landkarte dieses Gebietes im Maßstab 1:100 000. Als Instrument dient das Pendel.

Konvention: Man bedient sich der radiästhetischen Detektion durch Koordinaten. Der Pendel soll zuerst über die x-Achse von einem Kartenrand zum anderen bewegt werden. Erreicht das Pendel die Stelle der Koordinate x, an der sich die vermißte Person befindet, soll es dies durch Kreisen im Uhrzeigersinn anzeigen. Genauso soll das Pendel über die y-Achse von einem Rand zum ande-

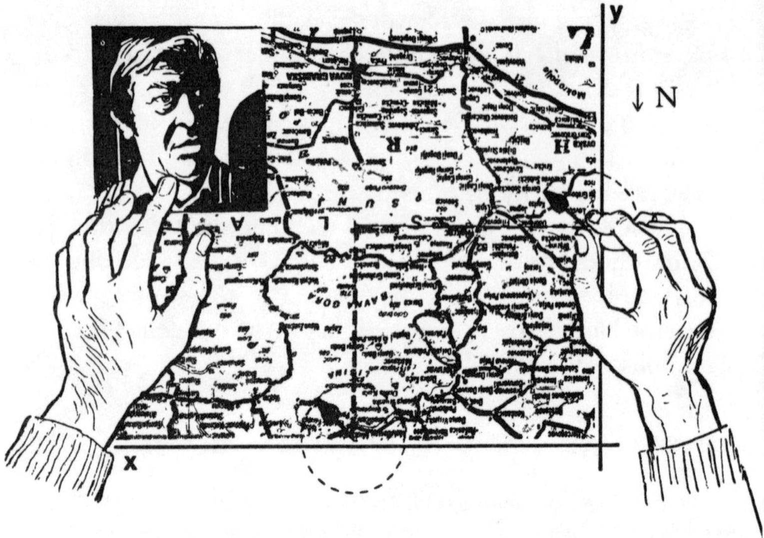

Abb. 52: Radiästhetische Detektion der Lokation einer verschollenen Person mit der Landkarte als Vorlage

ren bewegt werden, bis er wiederum durch Kreisen die Stelle der Koordinate y anzeigt, an der sich die vermißte Person befindet.

Erste Informationsanforderung: »Das Pendel soll gemäß der Konvention bestimmen, auf welcher Position der Koordinate y sich die vermißte Person L. M. befindet, deren Photographie ich in der Hand halte!«

Erster Kommentar: Durch kreisförmige Bewegungen im Uhrzeigersinn hat das Pendel die Koordinate y bestimmt. Der Radiästhetiker trägt die angezeigte Position am äußeren Kartenrand ein.

Zweite Informationsanforderung: »Das Pendel soll gemäß der Konvention bestimmen, auf welcher Position der Koordinate x sich die vermißte Person L. M. befindet, deren Photographie ich in der Hand halte!«

Zweiter Kommentar: Durch kreisförmige Bewegungen im Uhrzeigersinn hat das Pendel die Koordinate x bestimmt. Der Radiästhetiker trägt die angezeigte Position am äußersten Kartenrand ein.

Mit einem Lineal zeichnet der Radiästhetiker die angezeigten Koordinaten ein. Ihr Schnittpunkt bedeutet die Stelle, an der sich die vermißte Person L. M. befindet.

Berufsberatung nach radiästhetischer Methode

Vor etwas über zwanzig Jahren hat die damals populäre Jugendzeitschrift »Plavi vjesnik« eine Rubrik gehabt, in der Briefe junger Leser durch Ratschläge zur Wahl der Mittelschule, der Fakultät oder des Berufs beantwortet wurden. Bedingung war dabei, daß der Leser den Brief persönlich schreibt oder unterschreibt oder aber dem Brief sein Photo beifügt. Die Ratschläge erteilte der bekannte Radiästhetiker Rudolf Žiher, der die Handschrift oder das Photo als psychometrischen Gegenstand bei der radiästhetischen Eignungsbestimmung für eine bestimmte Berufswahl benützte. Viele seiner Leser folgten dem Rat und sind heute vermutlich zufrieden mit der Berufswahl, die ihnen auf eine so unübliche Art nahegelegt wurde.

In diesen Fällen hat der Radiästhetiker mit Hilfe einer Photographie oder der Handschrift die Neigung der betreffenden Person zu bestimmten beruflichen Aktivitäten, besonders zu Natur- oder Sozialwissenschaften oder aber zur Kunst bestimmt. Im Rahmen der Neigung zur Kunst ließ sich präzisieren, ob es sich um Malen, Musik, Schauspiel oder um etwas anderes handelt. Außer der Affinitätsbestimmung zu einem gewissen Kunstgebiet kann der Radiästhetiker auch den Grad der Sensibilität der betreffenden Person feststellen.

Nachwort

»Natura sanat, medicus curat!«

Viele Faktoren beteiligen sich an der Formgebung, der Erhaltung und der Entwicklung der Strukturen und physiologischer Erscheinungen unseres Wesens, des eigenen Ichs. Das Wesentliche all dessen ist ein zeitlich und räumlich nicht determinierter physikalischer und bioenergetischer Prozeß, dessen Elemente Interaktionen diverser Energien darstellen, die durch verschiedene quantitative und qualitative Vibrationen zum Vorschein kommen. Diese Zwischenverhältnisse stellen eine zeitliche und räumliche Variable dar in bezug auf die ständige Wirkung vieler Faktoren der ersten, zweiten und dritten Ordnung. Faktoren der ersten Ordnung sind die materielle Evolution der physischen Umgebung, der Einfluß des Kosmos und seiner Systeme, der Einfluß der Sonne und ihres Systems und der Einfluß des Planeten Erde. Faktoren der zweiten Ordnung liegen in der sogenannten Evolutionen der menschlichen Rasse: der vergangenen, gegenwärtigen und zukünftigen Entwicklung von Strukturen und Funktionen des Homo humanus. Die Faktoren dritter Ordnung oder der sozialen Evolution des Homo sapiens sind Lebens-, Arbeits- und Gesundheitsbedingungen.

Der Mensch ist ständig der Wirkung jener Faktoren ausgesetzt, die zunehmend schneller seine physische und soziale Umgebung verändern und wegen seiner langsamen Anpassung an sie sich überwiegend ungünstig auswirken. Schauen wir uns einmal an, wie der Planet Erde – als ein besonders bedeutender Faktor erster Ordnung – auf den Menschen wirkt. Zuerst gibt es hier die materiellen Elemente des Planeten Erde, das Materielle, die Schwerkraft, die geologische Masse und die Strahlung, dann die kosmischen Elemente der Drehung der Erde mit dem Tages- und Nachtwechsel, der Sonnenumrundung mit dem Wechsel der Jahreszeiten und anderer Biorhythmen. Es gibt die Schwankungen und Bewegungen der Erdachse, ihrer Pole, der Ekliptik, des Aphel und Periphel und schließlich die biologischen: die Centrosphäre – Mittelpunkt des Planeten, Barisphäre und Pyrosphäre, Mezzosphäre – Erdmantel, Atmosphäre, Hydrosphäre und Lithosphäre; Perisphäre, Mond, Gravitosphäre und Magnetosphäre. Einen besonders großen Einfluß übt der Mond auf den Menschen aus der Perisphäre aus.

Diese Aufzählung macht deutlich, wie klein wir sind in den Dimensionen der Naturerscheinungen und -geschehnissen und wie groß und komplex der Arbeitsmechanismus im Kosmos und überall um uns herum, aber auch in uns selbst ist. Auch Goethe sagte schon zutreffend: »Die Natur hat immer recht, Fehler und Verirrungen stammen immer vom Menschen!«

Ein ernstes Problem besteht darin, daß die uns unter dem Titel »Radiästhesie« geläufige Disziplin bloß den kleineren Teil von etwas darstellen könnte, dessen größeren und wichtigeren wir gar nicht kennen und, was es mit ihm auf sich haben würde, nurmehr kaum erahnen. Vermutlich besteht noch eine unerkannte, noch gar nicht vermutete Radiästhesie, auf die wir uns erst vorbereiten müssen. Diese Vorbereitung erfordert Glauben und empirische Arbeit an der praktischen Anwendung radiästhetischer Fähigkeiten und Kenntnisse, damit wir je mehr versuchen, dieses Naturphänomen zu erkennen und zu verstehen und so noch mehr und noch besser die Wahrheit, die sich in uns befindet, also uns selbst verstehen.

Die Radiästhesie ist nur eine: die elementar-energetische, obwohl viele noch glauben – wie das in seiner jüngsten Veröffentlichung Angelo Comunetti zum Ausdruck bringt –, daß es die physikalische und mentale Radiästhesie gibt. Daraus ergeben sich viele Mißverständnisse, Fehler und Verirrungen. Eigentlich bestehen zwei Arten radiästhetischer Informationsübertragung: die physikalische, wo Detektion und Empfang sich nach dem Empfindlichkeitsgrad des Radiästhetikers richten, und die mentale, wo ein hoher Grad vielfacher Intelligenz – beim großen Radiästhetiker – eine gewisse Vorstellung von der Informationsquelle aus dem codierten Universalsystem erwirbt.

Deshalb bedienen sich die Radiästhetiker auch bei ihrer Arbeit und bei Übungen verschiedener Hilfsmittel: Bei physikalischer Informationsvermittlung werden mehr die Wünschelrute und/oder die »L«-Antenne verwendet, bei mentaler Informationsübertragung werden wiederum häufiger das Pendel und/oder der Biotensor verwendet. Je nach Größe des physikalischen beziehungsweise mentalen Anteils der Informationsübertragung wird man auch das Symbol des radiästhetischen Zubehörs deuten können. Die Annäherung an eine einheitliche Radiästhesie ist der Besitz einer radiästhetischen Empfindlichkeit, für die noch im weit hinter uns liegenden Jahr 1885 in Boston/USA Joseph Rodes Buchanan festgestellt hat, daß sie bei über 90 Prozent der Prüflinge in unterschiedlichen Graden vorhanden ist. Viele haben vor und nach ihm diesen quantitativen Gesichtspunkt radiästhetischer Erhebungen beschrieben – A. Mermet, E. Christopher, J. Walther, C. W. Haviland, E. Hartmann, J. Kopp, G. F. von Pohl, C. Hills… –, doch besteht auch der qualitative, wobei wir uns an Worte des genialen Tom Lethbridge erinnern sollten: »…Er – der Supersinn – weiß weit mehr als wir, weil er nicht gezwungen ist, zu diesem Zweck das Gehirn zu benutzen… ER lebt im zeitlosen Raum!« Zu ähnlichen Überlegungen gelangten auch Kunibert Mohlberg, Joseph Issels, Solco Tramp, Robert Massy,…

Den Zwiespalt bei Auffassungen und Erklärungen radiästhetischer Erhebungen kann man am besten aus der Verläßlichkeitsanalyse der Informationsübertragung verstehen: Während bei physikalischer Übertragung im wissenschaftlichen Sinn eine feste Verläßlichkeit besteht, gibt es bei mentaler Übertragung kein Maß und auch keine Verläßlichkeitsdimension, weshalb sie übersinnliche Wahrnehmung heißt. Die Verbindung zwischen Theorie und Praxis stellt die einheitliche Radiästhesie gerade auf den rechten Platz: auf die Grenze zwischen der übersinnlichen Wahrnehmung und der Sinneswahrnehmung, wobei diese Grenze sich ständig verschiebt.

Infolgedessen kann Radiästhesie als Mittel oder Methode mit den Naturwissenschaften verglichen werden, als ihr Katalysator; leicht möglich ist es, daß mit Hilfe der Radiästhesie unsere Erkenntnisse über Naturerscheinungen und Naturwissenschaften erweitert werden. Und verändert!

Im Buch des Dipl.-Ing. Boris Farkăs sind theoretische Voraussetzungen dargelegt, wichtig für das Verstehen des physischen Phänomens der Radiästhesie in der Natur selbst, als auch ihre praktische Anwendung und Anwendungsmöglichkeiten in einer der Naturwissenschaften (Baubiologie, Medizin...).

Seit langer Zeit bereits hat Radiästhesie aufgehört, Eigentum eines engen Kreises »Begnadeter«, einer »geistlichen Elite bestimmter Länder« zu sein, worin auch der Grund ihrer Verschlossenheit lag, ihrer Beschränktheit, ihrer Mystik, ihrer Rückläufigkeit, ja auch ihres Mißbrauchs. Negative Beweggründe haben durch viele Jahrhunderte hindurch Übermacht gewonnen über positive Bestrebungen, so daß Radiästhesie erst in unserer Zeit viele neue Aspekte erhielt, besonders eine ungeahnte Anwendung in der Medizin. Radiästhesie wird heute routinemäßig in der Primär- und Sekundärpräventive bei zahlreichen Krankheiten und auch bei ihrer Heilung angewandt. Vielmehr noch wurden auch neue Begriffe für solche Krankheiten eingeführt, daß wir über Geopathien (Walthers) und Kosmopathien (Resch) sprechen.

Seitdem M. Curry (1952), K. Bachler (1977), E. Hartmann (1976) und R. Schneider (1973) – besonders letzterer – die radiästhetische Meßtechnik deutlich verbessert haben, können Erscheinungen und Befunde reproduziert, genau charakterisiert und differenziert werden. Auf diese Weise wird Radiästhesie als ein Collegium zur Erforschung auf breitester Basis eingeführt. Über Radiästhesie wird viel geschrieben und weltweit in vielen Fachdisziplinen veröffentlicht, mit ihr befassen sich und verwenden sie in der Praxis zahlreiche Institute, Anstalten, Vereinigungen, Einzelpersonen, Organisationen und sogar das Militär.

Nach Paul Schweitzer, der großen Autorität auf diesem Gebiet, sind Felder radiästhetischer Erscheinungen kreisförmig rechts oder links polarisiert, was große Bedeutung für ihre biologische Wirkung hat. Beweisen kann man das durch spezielle »L«-Antennen mit Magnetstäbchen, und zwar in Systemen, wo der Mensch Empfänger und Messer ist (die Subjektivität und Suggestion des Menschen sind dabei vorläufig noch ein relativer Nachteil!), während die »L«-Antenne Indikator und Verstärker ist.

Von Experimenten George und Marjorie De La Warrs ausgehend hat die »kalifornische Hochschule« unter Führung von Cristopher Hills und Robert Massy im letzten Jahrzehnt unsere Erkenntnisse der »Feinradiästhesie« erweitert, und zwar in erster Linie auf dem Gebiet sehr frühzeitiger Diagnostik energetischer Ausschläge der menschlichen Aura und der sieben Systeme energetischer Zentren. Formuliert wurden fünf Grundregeln der Radiästhesie, und jeden Tag arbeitet man mit über zehn neueren radiästhetischen Hilfsmitteln, die einen separaten Satz bilden. In diesem Satz nehmen Kompaß, Aura-Pendel und Spezialspiegel eine besondere Stelle ein.

Die Anwendung der Radiästhesie hat eine besondere ökologische Bedeutung für den Aufenthalt der Menschen am Arbeitsplatz und am Wohnort. Gefördert wird die Lokationsqualität der Wohnsiedlungen, des kommunalen Netzes, der Bauqualität, alles unter dem Sammelbegriff Primärpräventive. Man trachtet, den Menschen möglichst in sogenannte neutrale Zonen zu bringen, die Exposition geopathogener Zonen aber zu vermeiden, durch die das gesamte System der Energien und Vibrationen bei Menschen gestört wird, was Störungen biologischer Informationssysteme zur Folge haben kann. Dadurch beseitigen oder vermindern wir den Grundfaktor des Entstehungsrisikos der Karzinogenese, des Thromboembolismus und thromboembolitischer Erkrankungen, rheumatischer und neuromuskularer Erkrankungen und vieler Entzündungserkrankungen. In sekundärer Präventive kann man sehr frühzeitig ein energetisches Ungleichgewicht der menschlichen Aura und eine entsprechende Emanation in der Umgebung feststellen, auch auf bedeutende Entfernung, während die Krankheit noch nicht ein bestimmtes Körpersystem angegriffen hat. Auch kann die Lebensmittelproduktion gefördert werden, menschliche Ernährung und sein Metabolismus. Durch Beherrschung und Anwendung radiästhetischer Künste erreichen wir die Anpassung menschlicher biophysikalischer Vibrationen an die Vibrationen, die sich um uns herum befinden oder in uns hineingetragen wurden. Erst die Radiästhesie ermöglicht eine Erkenntnis des Synchronisationsgrades der Interferenzen verschiedener Vibrationen im Range der Evolution spiraler Progression der Energie von Elementärpartikeln über Atome, Moleküle, Kolonien, Zellen, einzellige und mehrzellige Organismen, den Menschen und bis zur gesamten Sinneswelt (Victor R. Beasley).

Heutzutage wird Radiästhesie erfolgreich auch in der Schul- und Alternativmedizin angewandt. Auf bestimmte Weise, breiter betrachtet, verbindet sie die beiden, während sie ständig die Grenzen zwischen Physik und Metaphysik verschiebt. Die Konventionalmedizin bedient sich der wissenschaftlichen Diagnose- und Therapieart, was ihre Entwicklung behindert. Nach ihr wird das Unnatürliche und Unangebrachte für den Menschen erst nach der Art seiner Reaktion oder Reaktionsfähigkeit festgelegt, und zwar nach einem größeren, repräsentativen Muster, während vorläufig spezifische Aspekte individueller Reaktionen unbeachtet bleiben. Dabei leistet Statistik hier Abhilfe. Die Alternativmedizin geht von strenger Individualität aus, spezifischem Reaktionsvermögen jedes Individuums, ohne Beobachtungen und Erfahrungen zu generalisieren. Hierbei erweist sich die Statistik als hinderlich, weil Reaktion und Reaktionsvermögen zeitlich streng getrennte Variablen sind. Radiästhesie kann hier bei der Beseitigung der Grenzen zwischen der Schul- und Alternativmedizin mit dem Ziel der Förderung und Erhaltung menschlicher Gesundheit helfen.

Die Ärzte der Konventionalmedizin werden, angeführt von klinischen Pharmakologen, eine bestimmte Arznei oder Arzneimittelkombination für eine bestimmte Krankheit (Indikation) verschreiben, über den Krankheitsgrad und die Krankheitsphase, über Dosen, Kontraindikationen, Begleiterscheinungen und Kompatibilität der Kombination Rechnung führen. Dabei beachtet man nicht, daß es sich um eine fortgeschrittene energetische Disbalance mit mehr oder minder ausgeprägten strukturellen Veränderungen im Organismus handelt. Ebenfalls unbeachtet bleibt das streng Spezifische der Vibrationen des erkrankten Gefüges, als auch das Individuum, das auf die eingetragenen Vibrationen unerwünscht reagieren wird, falsch reagieren wird, ohne die Tendenz zur Krankheitskorrektur. Das ist einer der Hauptgründe, warum es in der Population immer mehr kranke Leute gibt. Gleiches tut auch der Diätetiker-Nutricionist beim Verschreiben und Durchführen verschiedener Ernährungsformen.

Die geistige Philosophie der Homöopathen, eines Bereichs der Alternativmedizin, geht von einer dem allopathischen Standpunkt entgegengesetzten Seite aus. Durch Anwendung der Radiästhesie, der feinen Radiästhesie und der Bioelektronik in der Diagnostik und der Therapie erreicht man durch Testen von Lebensmitteln und Arzneien für jede Einzelperson eine optimal zusammengesetzte individuelle Therapie (vergleiche dynamisierte Homöopathie) und ihre erfolgreiche Durchführung. Hier ergeben sich ungeahnte Möglichkeiten radiästhetischer Anwendung in breitesten Bevölkerungsschichten durch die Menschen selbst, also beim Schutz der eigenen Gesundheit im Kampf gegen die immer mehr verbreiteten »Zivilisationskrankheiten«. Dies erfordert Schulung und praktische Anwendung der Radiästhesie als einer nützlichen Disziplin für jeden einzelnen und für die menschliche Gesellschaft als Ganzes.

Schließlich möchte ich noch etwas über meine – wohlgemerkt nicht übermäßig umfangreichen – Beobachtungen und Erfahrungen sagen. Nach einem Studium der Fachliteratur und dem Erwerb unabdingbarer Vorkenntnisse aus der

Theorie der Radiästhesie begann ich an mir selbst (Autoradiästhesie) und an meinen Patienten (Heteroradiästhesie) zu praktizieren. Teleradiästhesie praktiziere ich nicht wie viele andere, über deren Erfahrungen ich indirekt oder direkt erfuhr oder in deren Gesellschaft ich während der Arbeit war. In der Praxis benutze ich jeden Tag das Pendel und den Biotensor, einzeln oder gemeinsam. Tausende radiästhetischer Teste verknüpften sich mit der Erfahrung aus der Praxis mit Patienten. Diese Erfahrung und diese Arbeit ermöglichten mir eine superselektive individuelle Bestimmung peroraler, lokaler, parenteraler und sklerosanter Therapie, so daß ich einerseits die Arbeitsergebnisse in bezug auf Therapieergebnisse verbesserte und andererseits fast gänzlich die Möglichkeit der Nebenerscheinungen und allergischer Reaktionen eliminieren konnte, obwohl es sich bei den meisten Fällen um Invasionseingriffe handelt. Während des 9. Kongresses jugoslawischer Rheumatologen mit internationaler Beteiligung in Zagreb vom 19. bis 23. September 1984 sprach man über Ergebnisse gleichzeitiger Mobilisierung von Hand und Manipulation durch Anwendung der Akupunktur bei Patienten mit beschädigter Wirbelsäule. Während zweier Jahre wurden 200 Patienten mit Cervikobrachialem und Limbosakralem Syndrom versorgt. Bei der Diagnosebewertung und der Ergebnisbewertung der Mobilisierungen und Manipulationen (ausgezeichnete Ergebnisse wurden in 75 Prozent der Fälle verzeichnet) haben wir – meine Mitarbeiter und ich – uns der radiästhetischen Forschungen des Pendels bedient. So erhielten wir Einsicht in die Herstellung physiologischer Funktionen der zurückgewonnenen Bioenergie der Hals- und weichteiledynamischen Segmente.

Diese Anwendung der Radiästhesie als einer Hilfsmethode bei der Diagnostik und der Kontrolle der Therapie ist sehr einfach, wirtschaftlich, rasch und zuverlässig. Das eröffnete mir neue Gesichtspunkte und höhere Sicherheit bei der Arbeit zum Wohl meiner Patienten. Aus vielen und nicht zuletzt persönlichen Gründen und einer inneren Zufriedenheit mit jener Methode, möchte ich meinem Kollegen, Herrn Dipl.-Ing. Boris Farkaš, alle Anerkennung aussprechen. Ich wünsche ihm für seine weiteren Forschungen von Herzen Erfolg.

Dr. Miroslav Mosner

Anschriften

Bundesrepublik Deutschland
Deutsche Gesellschaft für Geobiologie und Fachschaft Deutscher Rutengänger, Sandweg 3, 8411 Eilsbrunn.
Zentrum für Radiästhesie, Herold Verlag Dr. Wetzel, Kirchbachweg 16, 8000 München.
Münchener Gesellschaft für Geobiologie und Baubiologie, Solothurner Straße 69, 8000 München.
Verband für Ruten- und Pendelkunde e. V., Adolf Knecht-Straße 25, 6930 Eberbach.

Österreich
Österreichischer Verband für Radiästhesie, Lenaugasse 5, 1080 Wien.

England
British Society of Dowsers, Sycamore Cottage, Kent, TN25.5HW.
Radionic Association, Baerlein House, Oxford OX5.4SZ.

Frankreich
Syndicat National des Radiesthésistes, 42 Rue Manin, 75019 Paris.
Maison de la radiesthésie, 16 Rue St. Roch, 75001 Paris.

Italien
Associazione Italiana Radiestesisti, Via Vallarsa 11, 20139 Milano.

Schweiz
Schweizerische Gesellschaft für Radiästhesie, Geopathie und Strahlenbiologie, Postfach 944, 9004 St. Gallen.

Vereinigte Staaten von Amerika
The American Society of Dowsers, Inc., Danville, VT.05828-0024.

Literatur

Prof. Dr. Moritz Benedict: *Ruten und Pendellehre*. Hartlebens Verlag, Wien 1917.

Dr. med. Otto Prekop (Hrsg.): *Wünschelrute, Erdstrahlen und Wissenschaft*. Ferdinand Enke Verlag, Stuttgart 1955.

Dott. Casasopra S. F.: *Saggi di radiestesia*. Fratelli Bocca editori, Roma 1955.

Karl Spiesberger: *Der erfolgreiche Pendelpraktiker*. Verlag Hermann Bauer, Freiburg im Breisgau 1987[14].

Gustav Freiherr von Pohl: *Krankheit durch Erdstrahlungen*. skripta, S. A.

T. C. Lethbridge: *ESP Beyond Time and Distance*. Routledge and Kegan Paul, London 1965.

Rudolf Žiher: *Rašlje vilinske na raspuću nauke i metafizike*. Zagreb 1965.

Dr. Stanislav Župić: *Vrijednost i upotreba lijekova u oligodinamskim (homoopatskim dozama)*. Zagreb 1970.

Dr. med. Georg Jakob: *Das medizinische Pendelbuch*. Turm Verlag, Bietigheim 1973.

Peter Andreas i Caspar Kilian: *Die phantastische Wissenschaft*. Econ Verlag GmbH, Düsseldorf 1973.

Christopher Bird und Peter Tompkins: *The secret life of plants*. The american society of dowsers, Denville.

Richard Willfort: *Gesundheit durch Heilkräuter*. Rudolf Trauner Verlag, Linz 1959.

Abbe Mermet: *Der Pendel-Tressel: Die Praktische Pendelforschung*. Verlag Siegrist & Müller, CH 3527 Heimberg 1979.

Erwin Lausch: *Manipulation – Der Griff nach dem Gehirn*. Deutsche Verlagsanstalt, Stuttgart 1972.

Yvonne Castellan: *La Parapsychologie*. Presses Universitaires de France, 1974.

Dr. med. Ernst Hartmann: *Krankheit als Standortproblem.* Haug Verlag Ulm/Donau 1980.
Dipl.-Ing. Stanko Jurdana: *Rašlje i visak života.* Grafički zavod Hrvatske, Zagreb 1980.
V. N. Puškin: *Parapsihologija i eksperimentalna psihologija.* Nolit, Beograd 1980.
Dr. med. Manfred Curry: *Curry-netz.* Herold Verlag Dr. Wetzel & Co. KG, München 1980.
Dr. Josef Oberbach: *Feuer des Lebens.* Verlag Werner Steutz 1980.
Kurt Tepperwein: *Die hohe Schule der Hypnose.* Ariston Verlag, Genf 1977.
Milan Rỳzl: *Parapsychology.* Ramón F. Keller Verlag, Genf 1969.
Filip Čorlukić: *Kamo ideš, Čovječe.* Prosvjeta, Zagreb 1983.
Krunoslav Matešić: *Biološki ritmovi i ponašanje čovjeka.* Biblioteka popularne psihologije, Zagreb 1983.
Georg Kirchner: *Pendel und Wünschelrute.* Ariston Verlag, Genf 1984.

Verlag Hermann Bauer · Freiburg im Breisgau

Tensor T 2002 hat sich wegen seiner Empfindlichkeit bei radiästhetischen Bestimmungen der Wirksamkeit von Heilmitteln, bei Diagnosen und der Suche nach Zonen geopathogener Strahlungen als außerordentlich praktisch erwiesen. Der Ring und der Griff des Tensors sind aus vernickeltem Messing, der Federdraht aus Federstahl. Gesamtlänge: 365 mm.
DM 98,–* **Best.-Nr. 1375**

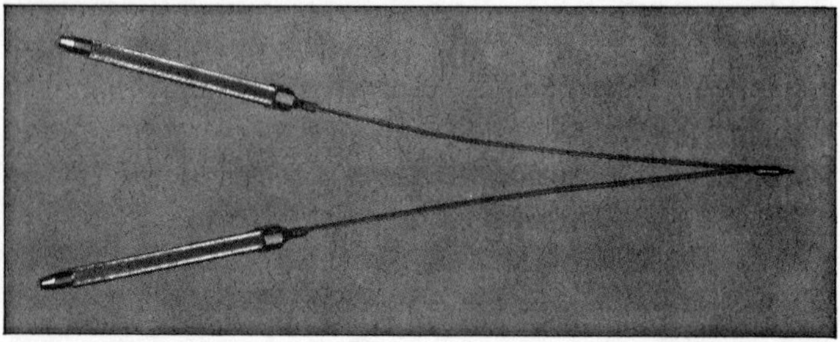

Wünschelrute R 2002. Die Rutenschenkel können von den Griffen abgeschraubt werden. Die ausgesprochene Feinfühligkeit dieses Modells ist durch den Einbau hochqualitativer Kugellager in die Griffköpfe verstärkt worden. Die Rutengriffe sind aus Messing, die Schenkel aus Federstahl. Rutenlänge: 445 mm, Schenkellänge: 300 mm.
DM 195,–* **Best.-Nr. 1379**

Antenne L 2002 besteht aus Griffen mit Kugellagern im Kopf, die identisch sind mit den Griffen der Wünschelrute R 2002. Material: Messing, vernickelt (außer den Kugellagern). Länge der Stäbe: 355 mm.
DM 195,–* **Best.-Nr. 1377**

* Preisänderungen vorbehalten

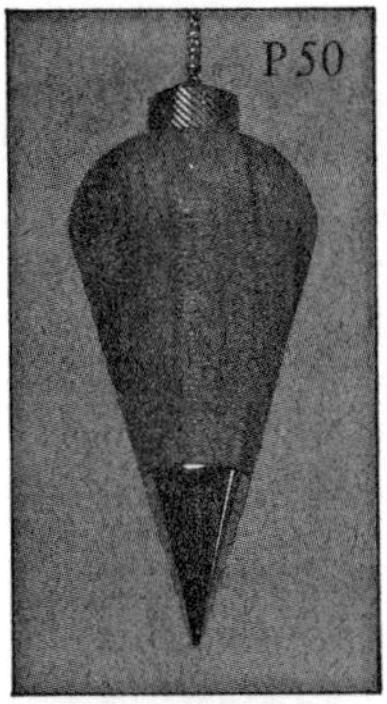

Pendel P 50 ist eine sehr gelungene Kombination aus Metall- und Holzteilen. Mit einem einfachen Griff kann der hölzerne Teil des Pendels vom metallenen getrennt werden, den man dann für sich benutzen kann. Material: Messing, vernickelt und Edelholz. Gewicht: 14 g.
DM 75,–* **Best.-Nr. 1385**

Pendel P 60 enthält in seinem Korpus ein kleineres Pendel, das vom größeren abgeschraubt werden kann und für sich allein verwendbar ist. Das schwerere Pendel ist für die Arbeit im freien Gelände, das leichtere für die Arbeit mit Karten oder Plänen gedacht. Material: Messing, poliert und vernickelt. Gewicht: zus. 22 g.
DM 48,–* **Best.-Nr. 1384**

Pendel P 70 ist aus Kristallglas hergestellt, das in klassischer Weise auf Stein geschliffen ist, so daß jedes einzelne Pendel ein Unikat darstellt. Das Pendel ist über einen vernickelten Metallteil mit der Aufhängungskette verbunden. Gewicht: ca. 10 g.
DM 75,–* **Best.-Nr. 1383**

* Preisänderungen vorbehalten

Verlag Hermann Bauer · Freiburg im Breisgau

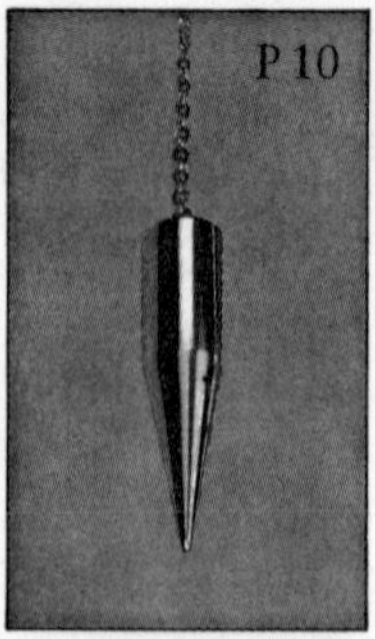

Pendel P 10 ist das kleinste und leichteste der ganzen Kollektion. Trotz universaler Anwendungsarten benutzen es Pendler gerne bei der Feinarbeit mit Landkarten, Diagrammen oder Fotografien. Die Form dieses Pendels ermöglicht die Benutzung als reaktionsstarkes Anzeigeinstrument. Material: Messing, poliert, versilbert und vernickelt. Gewicht: 8 g.
DM 21,–* **Best.-Nr. 1390**

Pendel P 21 ist einfach und formschön. Das Pendel ist für alle denkbaren Anwendungsmöglichkeiten geeignet. Material: Messing, poliert und vernickelt. Gewicht: 12 g.
DM 24,–* **Best.-Nr. 1389**

Pendel P 32 kann man auseinanderschrauben und in zwei Teile zerlegen, um den einliegenden Ring entweder herauszunehmen oder ihn wieder einzusetzen, wodurch es möglich ist, Form und Gewicht des Pendels zu verändern, was bei manchen Untersuchungen vorteilhaft sein kann. Material: Messing, poliert und vernikkelt. Gewicht: 21 g, ohne Ring 16 g.
DM 48,–* **Best.-Nr. 1388**

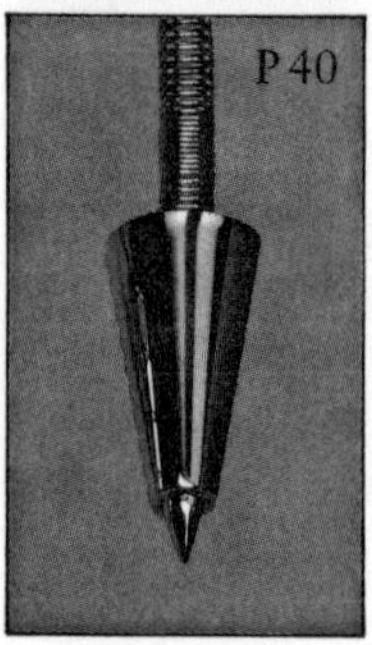

Pendel P 40. Besonderheit: Aufhängen an einer Feder. Dadurch ist eine außerordentlich sensible Reaktion möglich. Außerdem kann man die Pendelspitze auf- oder abschrauben. Die so verlängerte Spitze des Pendels ermöglicht präzises Ermitteln der gesuchten Positionen auf Land- oder Stadtkarten, Diagrammen, anatomischen Abbildungen und dergleichen. Material: Messing, vernickelt, Feder aus rostfreiem Stahl. Gewicht: 22 g.
DM 85,–* **Best.-Nr. 1387**

* Preisänderungen vorbehalten